VOM BEET
IN DIE KÜCHE

SABINE REBER

VOM BEET IN DIE KÜCHE

Von Bambussprossen über Dahlienknollen
bis zu Süßkartoffelblättern
Basiswissen Biogärtnern und Kochrezepte

Mit Fotos von Stöh Grünig

AT Verlag

FÜR JEANNE ROSE

AT Verlag, Aarau und München
Lektorat: Redaktionsbüro Wolfgang Funke, Augsburg
Fotos: Stöh Grünig, www.stoeh.ch
Rezeptmitarbeit: Ueli Schneeberger
Grafische Gestaltung und Satz: AT Verlag
Bildaufbereitung: Vogt-Schild Druck, Derendingen
Druck und Bindearbeiten: Printer Trento, Trento
Printed in Italy

ISBN 978-3-03800-915-3

www.at-verlag.ch

INHALT

VOM KOCHEN UND VOM GÄRTNERN

Ich koche fast nie nach Rezepten. Ich koche nach dem, was mir der Garten gerade bietet. Wenn ich hungrig bin, schaue ich einfach nach, was ich in meinen Beeten finde. Und dann kombiniere ich meine Ernte nach Lust und Laune. Auf diese Art entstehen immer wieder neue Gerichte.

Es hat mich schon immer sehr gestört, dass die Hälfte der Ernte auf dem Kompost landet. Also fing ich vor einigen Jahren an, diverse »Abfälle« in Form von Stängeln, Blüten und Blättern zu verkosten. Warum nur die Wurzeln essen, wenn auch die Blätter schmecken? Warum die Stängel wegwerfen, wenn sie doch ein feines Gemüse mit eigenem Geschmack abgeben? Und wie schmecken all die Blüten auf dem Balkon und die Beeren an den Sträuchern? So habe ich mich neugierig durch meine Gärten gefuttert, Fachliteratur zu Rate gezogen und einfach ausprobiert, was man alles in die Pfanne hauen könnte.

Aber um etwas ernten zu können, braucht man natürlich zunächst einmal einen Garten oder zumindest ein Beet. In diesem Buch zeige ich anhand von zwei konkreten Beispielen, wie man ohne viel Aufwand Früchte, Gemüse und Kräuter anbaut und sie pflegt. Da ist einmal mein Stadtgarten beim Gemeinschaftsatelier mitten in Biel. Und dann mein zweiter, größerer Garten, der aus einem verwilderten Stück Land in den Rebbergen entstanden ist. Dabei hatte ich in den letzten Jahren gar nicht so viel Zeit zum Gärtnern. Also baute ich nur noch Pflanzen an, die praktisch von allein wachsen und die sich mit Stumpf und Stiel in der Küche verwenden lassen. Darunter sind auch solche, die man als Gemüse nirgends kaufen kann. Den einen oder anderen meiner kulinarischen Exoten werden die meisten auf dem Teller noch gar nicht kennen. Aber auch diese sind kinderleicht zu kultivieren.

Inzwischen bin ich sehr pragmatisch in Sachen Pflanzenauswahl: Alles, was zu kompliziert ist, fliegt raus. Was für eine enorme Vielfalt an interessanten Gewächsen trotzdem übrig bleibt, beeindruckt mich immer wieder.

Das Reduzieren von unnötigem Aufwand gilt natürlich auch in der Küche. Wir haben für das Entwickeln und Ausprobieren der Rezepte in diesem Buch keinen einzigen zusätzlichen Topf oder irgendein neues Gerät angeschafft. Alle Rezepte können in der schlichtesten WG-Küche oder sogar in der Berghütte problemlos nachgekocht werden.

Alle Rezepte sind als Anregungen gedacht, sie lassen sich beliebig variieren. Also nicht verzweifeln, wenn genau dieses oder jenes Kraut, die genannte Wurzel, eine spezielle Blüte oder eine im Rezept vorgeschlagene Frucht gerade nicht verfügbar oder noch nicht reif ist. Dann nimmt man einfach etwas anderes und entwickelt seinen eigenen Gartenküchenstil. Ich koche genauso wie ich gärtnere, nämlich weitgehend »Freestyle« und nach Gefühl.

Beim Kochen und beim Gärtnern geht es um viel mehr, als nur darum, satt zu werden. Es geht darum, sorgfältig mit den Ressourcen und miteinander umzugehen, es geht um die Einstellung zum Leben. Es geht darum, aus dreimal Nichts etwas Gutes zu zaubern. Aber auch, möglichst nichts wegzuwerfen und das zu verwenden, was zur Verfügung steht, statt immer noch mehr zu kaufen. Vor allem aber geht es darum, nicht nur vordergründig und schnell satt zu werden, sondern insgesamt glücklich

Am Fuß des Felsens im großen Rebberggarten findet der Schnittlauch genug Feuchtigkeit, um prächtig zu gedeihen. Nun wird der große Horst samt Wurzelballen ausgegraben und zur Vermehrung geteilt.

und zufrieden in seinem Leben zu sein. Und wo finde ich mehr Glück und Zufriedenheit als im Garten?

Schon höre ich den Einwand: Das ist doch nur etwas für verwöhnte Städter, die sowieso schon alles haben! Eben nicht. Selber Gemüse anbauen und kochen spart nicht nur eine Menge Geld, es schont vor allen Dingen auch die Ressourcen.

Der Ehrlichkeit halber sei angefügt: Auch mir gelingt es im Alltag natürlich nicht immer, nur mit eigenen Produkten aus meinem Garten zu kochen. Ich bin schon zufrieden, dass es in dem ganzen Trubel von Arbeit, politischem Engagement und Patchworkfamilie ab und zu und zumindest teilweise gelingt. Wenn das unmittelbare Umfeld letztlich dann doch lieber an seiner gewohnten Industrienahrung festhält oder mitunter sogar die Nase rümpft – »Wäh, schon wieder Brennnesseln?!« –, dann gilt es, wie bei allem im Leben, erst einmal pragmatisch zu sein und Kompromisse zu machen.

Fleisch ist übrigens kein Tabu. Es gibt in diesem Buch zwei Rezepte mit Fleisch und zwei mit Fisch. Alle übrigen sind vegetarisch, und viele davon vegan. Auch hier spiegelt sich meine persönliche Präferenz. Vorzugsweise ernähre ich mich vegan, ab und zu brauche ich aber doch Butter und Rahm, ein Ei oder etwas Käse. Und ausnahmsweise gibt es auch mal Fleisch aus der Region oder einen Fisch aus dem See. Veganer können diese Zutaten leicht durch pflanzliche Produkte ersetzen, die Rezepte funktionieren so immer noch bestens.

Der Profikoch und urbane Gärtner Ueli Schneeberger hat mir geholfen, alle Rezepte fachgerecht auszuarbeiten und in eine allgemein verständliche Form zu bringen. Gemeinsam haben wir das letzte Jahr hindurch in meiner einfachen Atelierküche immer wieder getüftelt und probiert, bis alle zufrieden waren. Manchmal haben meine Tochter und ihre Freundin mitgeholfen, und zwischendurch kamen Kollegen und Freundinnen, probierten unsere Kreationen und gaben ihre Meinung dazu ab. Mein langjähriger Arbeitspartner Stöh Grünig hat die gärtnerischen und kulinarischen Experimente fotografiert, kritisch verkostet und mitdenkend begleitet.

Wir wünschen Ihnen inspirierende Entdeckungsreisen durch die bestehenden und werdenden Gärten und hoffen, dass Sie dabei ebenso viel Freude haben, wie wir bei der Arbeit an unserem Buch erleben durften.

Biel, Februar 2016
Sabine Reber

DAS GARTENMANIFEST

- Jeder Mensch braucht einen Garten! Und sei es ein Balkon, oder ein Fleckchen öffentliches Grün, das erobert wird.

- Wer keinen Garten hat, suche einen. Und wer keinen findet, borge sich ein paar Beete. Wer seinen Garten nicht allein bebauen mag, teile ihn.

- Wo kein Garten ist, kann einer geschaffen werden. Grüne Großstadt-Guerillas erobern öffentliches Brachland. Statt mit Spraydosen hinterlassen sie Lebensspuren mit Blumensamen und Pflanzen.

- Jeder Mensch braucht etwas Boden unter den Füßen, eine Handvoll Erde, um ein Pflänzchen wachsen zu lassen, und einen Baum, an den er sich lehnen kann.

- Wer gärtnert, lernt Mut zu fassen und mit Problemen umzugehen. Im Garten gibt es immer ein Morgen, jeder Frühling bringt die Chance zum Neuanfang.

- Gärten sind mächtige Symbole der Hoffnung. Jeder Mensch hat ein Recht auf ein Stückchen Hoffnung.

- Wer gärtnert, schafft sich seine eigene Vision des Paradieses. Niemand sollte davon ausgeschlossen sein.

- Gärten sind ein lebenswichtiges Gegengewicht zu den Beton- und Asphaltwüsten der Städte. Wir brauchen sie zum Entspannen, Spielen und zur Pflege von Freundschaften.

- Im Dialog mit den Pflanzen und der Umgebung kommen wir uns selbst näher. Wer Teil hat am großen Ganzen, wer erlebt, wie die Pflanzen wachsen und blühen, wird auch der Umwelt gegenüber weniger gleichgültig sein.

- Jeder Mensch sollte etwas Salat, ein paar Kräuter und Blumen selbst ziehen können. Die eigene Ernte schmeckt besser, ist gesünder, und entlastet das Haushaltbudget.

- Eigenes Obst und Gemüse hilft Energie fressende Importe zu vermeiden, es trägt somit zur Rettung des Klimas bei.

- Wer sich aus dem Garten ernährt, setzt ein Zeichen gegen die weltweit explodierenden Grundnahrungspreise und die dadurch verursachte Armut.

- Gärten, Balkone und Terrassen gehören zu den letzten Freiräumen, die uns in einer immer hektischeren Welt bleiben. Nutzen wir sie! Schaffen wir uns Oasen der Liebe, der puren Lust und Lebensfreude!

- Versuchen wir nicht, unerreichbaren Idealen nachzueifern. Finden wir individuelle Lösungen, die den Bedürfnissen unserer Liebsten sowie den gegebenen Mitteln und Möglichkeiten entsprechen.

- Gärtnern ist wie Sex oder wie Kochen. Das kann jeder. Weg mit der Angst, etwas falsch zu machen! Weg mit den angestaubten Regeln. Es lebe die Anarchie im Garten!

- Jedes Fleckchen Garten, jeder Baum und jede wild begrünte Verkehrsinsel, jeder bepflanzte Hinterhof und jeder blühende Fenstersims macht die Welt besser.

(Erstmals erschienen in »Endlich gärtnern«, Callwey, München, 2009)

Im urbanen Ateliergarten in Biel wird nach Lust und Laune gewerkelt und gepflanzt: Kürbisranken, Dahlien und rechts ein junger Apfelbaum.

MEINE GÄRTEN

KEIN GARTEN GIBT'S NICHT

Nein, ich brauche keinen Familiengarten mit strengem Reglement, Rasen und auf dem Reißbrett geplanten Gemüsebeeten. Bitte nicht! Lieber bepflanze ich ein wildes Stück Land, einen Hinterhof oder ein paar Eimer auf dem Balkon.

Meine Pflanzen habe ich derzeit an verschiedenen Orten untergebracht. Da ist einmal der Ateliergarten mitten im Zentrum der Stadt, eine kleine grüne Oase, umgeben von städtischen Fassaden und Parkplätzen. Fünf kleine Unternehmen teilen sich den Platz in dem alten Häuschen, und es gehen viele Leute ein und aus. Im Ateliergarten wird also nicht nur Gemüse angebaut, dieser Garten ist auch eine Visitenkarte und vor allem ein beliebter Aufenthaltsraum für uns und unsere Gäste. Neben dem Stadtgarten bebaue ich noch ein wildes Stück Land in den Rebbergen oberhalb des Bielersees. Dort bin ich oft allein und kann die Pflanzen auch mal über Monate nach Lust und Laune wuchern lassen, weil außer mir und den Kindern kaum je jemand dort ist. Und dann gibt es noch meinen Balkon dort, wo ich wohne. Hier gedeihen in Kübeln und Kästen etliche Raritäten und südländische Spezialitäten.

Anhand dieser konkreten Beispiele aus meinem aktuellen Gartenleben möchte ich aufzeigen, wie ganz unterschiedliche Gartenräume aus dem Nichts entstehen können. Es genügt für den Anfang, ein paar Töpfe auf den Balkon zu schleppen und sie zu bepflanzen. Einen neuen Garten anzulegen, fordert mich aber immer wieder aufs Neue heraus. Als Erstes muss man den Blick schärfen und mit offenen Augen die Umgebung betrachten. Wo könnte ein solcher Garten entstehen? Vielleicht steht ein ungenutztes Grundstück zur Verfügung oder ein Garten, der nicht gescheit genutzt wird. Vielleicht schwebt einem aber auch eine ganz andere Situation vor, beispielsweise ein Ort, an dem noch nie jemand zuvor Gemüse angebaut hat. Sobald ein passendes Stück Land oder ein interessanter Hinterhof gefunden ist, heißt es anpacken.

Gemüse selber anbauen – warum eigentlich?

Ich gehe auf meinen Balkon und hole einen frischen Kohlrabi. Ich schäle ihn und schneide ihn in Scheiben und serviere ihn ganz frisch – er schmeckt so knackig und süß, wie man es bei einem gekauften niemals erleben wird. Das gilt übrigens für alle Gemüse, die Zucker enthalten. Bereits nach wenigen Stunden wird der Zucker nämlich in Stärke umgewandelt, und dann schmecken Mais, Erbsen oder eben Kohlrabi mehlig und fade. Wenn sie dann noch zu lange gekocht und mit einer weißen Sauce aus der Tüte angerichtet werden, kann ich jeden verstehen, der wegen solcher kulinarischen Erfahrungen Gemüse nachhaltig ablehnt. Auch Wurzelgemüse wie Karotten, Pastinaken und Rote Bete, die sich im Prinzip gut einlagern lassen, schmecken nie wieder so gut wie an jenem sonnigen Mittag im Juli, an dem man sie aus der Erde gezogen und ganz frisch gegessen hat. Bei den Kräutern gilt das umso mehr: Sie entfalten wirklich nur ganz frisch geerntet ihr volles Aroma. Kräuter gehören weder in Plastikschachteln eingeschweißt noch in den Kühlschrank. Idealerweise wandern sie direkt vom Balkon oder vom Garten auf den Teller. Dasselbe kann man vom Salat sagen. Salat gehört nicht vakuumverpackt in Plastikbeutel. Der Aufwand, eigenen Salat zu ziehen, ist so klein, und der geschmackliche Unterschied so groß, dass es sich immer lohnt, eigenen Salat anzubauen.

Lokale Netzwerke aufbauen

Gärtnern heißt genießen. Aber Gärtnern heißt auch, Teil eines größeren Ganzen zu werden und sich in die Kreisläufe der Umgebung einzuklinken. Wer damit beginnt, selbst Verantwortung für seine Nahrung zu übernehmen, wird die Welt aus einem völlig neuen Blickwinkel sehen. Wer seine eigenen

Fähigkeiten entwickelt, lernt dabei auch die Fähigkeiten der anderen zu schätzen. Wer selbst etwas Gemüse anbaut, wird die Arbeit der Bauern in der Umgebung mehr schätzen, wird überhaupt lernen, die Arbeit anderer wertzuschätzen und vielleicht auch einmal etwas mehr zu bezahlen für ein Produkt, das mit viel Sorgfalt und Liebe in Handarbeit hergestellt worden ist. Und so freue ich mich auch etwa über ein Kleid, das mir die Schneiderin vor Ort genäht hat. Ich schätze das Handwerk, weil ich selbst um die Arbeit und ihren Preis weiß.

Vor allem lernt man beim Gärtnern wieder, einander gegenseitig auszuhelfen. Plötzlich kennt man jemanden, der einem Pferdemist beschafft, vielleicht im Tausch gegen ein paar Gläser selbstgemachter Marmelade. Oder man findet Freunde, die beim Bau eines Zauns oder dem Umgraben eines größeren Stücks Land helfen. Gärtnern ist ein Schritt hin zu lokalen Netzwerken, zu Gemeinschaften, aus denen oft viel mehr entsteht als leckeres gesundes Gemüse. Beim Gärtnern geht es auch um die Frage, wie wir hier und jetzt leben, wie wir in Zukunft leben wollen, wie wir gut zusammen leben und die vorhandenen Ressourcen sinnvoll miteinander teilen können.

Gesundes Gemüse muss nicht teuer sein

Sich gesund und biologisch zu ernähren sei doch nur etwas für verwöhnte Intellektuelle, höre ich immer wieder. Das sei nur etwas für Leute, die zu viel Zeit und zu viel Geld haben.

Ich rede hier aber nicht von teurer, industriell produzierter Bionahrung, die in letzter Zeit den Markt überschwemmt. Ich rede auch nicht von hochtechnisierten veganen Ersatzprodukten, mit denen nun im großen Stil Kasse gemacht wird. Ob dieses High-Tech-Food überhaupt gesund ist, sei dahingestellt. Bei diesen Trends geht es meiner Meinung nach in erster Linie darum, das schlechte Gewissen zu besänftigen. Der Konsumwahn soll nun einfach unter dem Biomäntelchen weitergehen, und alles ist gut. Doch ein so großer Mantel, der die Verpackungsberge und den globalen Transportwahnsinn auch nur annähernd kaschieren könnte, lässt sich gar nicht nähen. Und die Preise für diesen Ablasshandel sind gesalzen. Industrieprodukte in sogenannter Bioqualität kaufen und dafür in den Ökohimmel kommen? Ich misstraue diesen neuerlichen Marketingauswüchsen zutiefst. Ein reines Gewissen ist für Geld nicht zu haben.

Wozu brauchen wir überhaupt hochkomplexe und überteuerte Produkte, wenn es auch ganz einfach ohne geht? Den vielen Verpackungsmüll, den wir jeden Tag mit kaufen, bezahlen wir auch. Wir bezahlen die Werbung, die Transportkosten, die Energiekosten für die Kühlkette, und natürlich bezahlen wir die ganze Chemie, mit der die industrielle Nahrung haltbar und ansehnlich gemacht wird.

Gärtnern als Lebensschule

Wir gärtnern aber nicht nur der ökologischen Ernte wegen. Wir gärtnern auch der Gartenarbeit wegen. Gärtnern macht zufrieden. Im Garten lernt man, aus dem, was da ist, etwas zu machen und das Hier und Jetzt zu schätzen. Gärtnern ist eine Lebensschule. Oft wollen wir schlicht zu viel, wir wollen alles perfekt, alles auf einmal oder gar nicht. Und während wir ewig auf den richtigen Moment warten, verpassen wir das Leben und haben am Ende gar nichts erreicht.

Manche großen Pläne verschiebe ich in Gedanken auf das nächste Leben, den Schlossgarten in Schottland zum Beispiel oder die Selbstversorgerfarm irgendwo in Frankreich, wo vielleicht noch Platz wäre für alle Träume. Statt mich über meine kleinen, provisorischen Gärten zu grämen, baue ich lieber hier und jetzt schon einmal an, was mir möglich ist. Und das ist weitaus mehr, als man gemeinhin denken würde.

Die eigene Ernte ist ein konkreter Beitrag zu einer besseren Welt, auch dann, wenn sie vielleicht nie zur kompletten Versorgung

Wer würde hinter diesem Stück Wildnis (oben) einen Garten vermuten? Nun, er musste erst geschaffen werden. Der Ateliergarten (unten) entsteht auf wenigen Quadratmetern im Hinterhof.

reicht. Gemüse, Salat und Obst wachsen recht einfach und mit wenig Energie. Für eine gute Ökobilanz gilt es ein paar simple Regeln einzuhalten: keine Maschinen, kein Gift, kein Torf. Und nur so viel Wasser verbrauchen, wie unbedingt nötig.

Wie bio muss man sein, um glücklich zu werden?

Wenn ich mir die Bioprodukte in den Regalen der Geschäfte genauer anschaue, wundere ich mich. Red Quinoa aus Bolivien, rote Bohnen aus China, und der Amarant im Müesli stammt aus Peru. Man rechne mal aus, wie viele Flugmeilen das ergibt. Und was hat diese Nahrung überhaupt mit mir zu tun? Nichts. Sie taugt auch nicht, um mein Gewissen zu beruhigen.

Gerade im Biobereich muss man das Etikett sehr genau anschauen, bevor man etwas ins Bastkörbchen legt. Und ich bin immer wieder stolz auf alles, was ich seit Jahren selbst anbaue. Jeder Salat, den ich nicht kaufen muss, jede Schale Erdbeeren, die ich im eigenen Garten pflücke, ist ein Beitrag zu einer nachhaltigeren Welt.

Eins weiß ich sicher. In meinem Garten wird kein Gift gespritzt. Und es wird möglichst nichts importiert. Was ich nicht selbst anbauen kann, kaufe ich lieber auf dem Wochenmarkt statt im Supermarkt. Es ist gut zu wissen, auf welchem Feld die Pflanzen gewachsen sind, die ich esse. Und wenn ich die Bäuerin kenne, kann ich auch mit ihr diskutieren und erfahre, warum sie allenfalls die Äpfel doch gespritzt hat und welches Mittel verwendet wurde.

Von Tabus und Ausnahmen

Gelegentlich gibt es Situationen, in denen ich auch im eigenen Garten eine Ausnahme in Bezug auf den Pflanzenschutz mache, da manche Pflanzen sonst schlicht eingehen würden. Schneckenkörner zum Beispiel sind so ein Thema und wohl das größte Tabu in der naturnahen Hobbygartenwelt. Jeder behauptet, dass er sie nie und nimmer brauche, denn Schnecken vergiften ist natürlich politisch nicht ganz korrekt. Aber wer kauft dann all die Schneckenkörner, die jeden Frühling in den Läden stehen?

Und wenn die Puffbohnen über und über mit Läusen bedeckt sind, greife ich in der Not auch mal zu einem Spray. Zum Glück gibt es da inzwischen gute Produkte mit natürlichen Inhaltsstoffen. Auch die Pfirsichbäumchen, die jedes Jahr die Kräuselkrankheit bekommen, müssten eigentlich gespritzt werden. Dazu wird Kupfer verwendet. Im Biolandbau ist das zugelassen, aber für den Boden bleibt es natürlich trotzdem Gift. Doch sonst gäbe es eben gar keine Pfirsiche mehr. Es ist wie bei allem eine Frage des Augenmaßes, des Abwägens und des Setzens von Prioritäten. Und so sage ich mir eben: Ich gärtnere zu 99 Prozent biologisch, doch die eine oder andere Ausnahme im akuten Notfall möchte ich mir erlauben dürfen. Und ich sage das fast ohne schlechtes Gewissen.

Ich lehne generell jede Art von Fundamentalismus ab und suche lieber nach pragmatischen Lösungen, die sowohl im Alltag wie im Zusammenhang des übergeordneten Ganzen und auch langfristig sinnvoll sind. Wer sich im Biobereich zu extrem oder gar sektiererisch verhält, schadet insgesamt eher der guten Sache oder zumindest ganz sicher ihrem guten Ruf. Dogmatisches Gehaben mit erhobenem Zeigefinger und ständiges Nörgeln haben noch kaum je zu neuen Einsichten verholfen.

Grundsätzlich gilt also: Es wird nicht gespritzt, und es wird kein Gift verwendet. Normalerweise ist das auch gar nicht notwendig. Und wenn es dann einmal wirklich nicht anders geht, wähle man dafür das umweltfreundlichste Produkt und verwende nur so wenig davon, wie unbedingt nötig.

Ein paar Handschaufeln, Schnur, Scheren, Stecken und Töpfchen für die Tomatensetzlinge: Viel mehr braucht es nicht, um mit Gärtnern anzufangen.

UNVERZICHTBAR FÜR DEN ANFANG

Was braucht es, um einen Garten anzulegen? Zunächst einmal etwas Mut und Ideen. Dann natürlich auch Zeit. Und es braucht viel Geduld und Hingabe. Denn Bäume wachsen nicht über Nacht in den Himmel. Hinsichtlich Werkzeug gilt bei mir: je weniger, desto besser und sicher keine lärmenden Maschinen. Wo ich Rasen vorfinde, hat dieser als Erstes zu verschwinden. Gras taugt nicht für die Küche, und beim vielgerühmten englischen Rasen handelt es sich eigentlich um giftverseuchte Sondermüllflächen. Und ich brauche auch keinen Rasen oder Rasenmäher, um Gänseblümchen zu ernten, die lassen sich noch immer irgendwo finden.

Wenig, dafür gute Ausrüstung

Ein paar Dinge braucht es natürlich schon. Besonders wichtig sind gute Schuhe, beispielsweise ein paar solide alte Wander- oder Trekkingschuhe. In Turnschuhen gärtnern ist keine gute Idee, und Flip-Flops sind wegen der Verletzungsgefahr tabu. Gummistiefel sind auch nicht geeignet, vor allem nicht, wenn man länger als eine halbe Stunde draußen arbeitet. Es braucht einen guten Halt, um richtig zupacken zu können. Besonders zum Schaufeln sollte man solide Schuhe mit guten Sohlen an den Füßen haben, sonst verletzt man sich leicht.

Außerdem sind gute Gartenhandschuhe wichtig. Früher habe ich immer ohne Handschuhe gegärtnert, und ich finde es auch heute noch schön, mit bloßen Händen in der Erde zu wühlen. Aber seit ich mir wegen eines einfachen unscheinbaren Dorns eine Blutvergiftung zugezogen habe und drei Tage im Krankenhaus lag, bin ich etwas vorsichtiger geworden. Gute Gartenhandschuhe sind insbesondere dann unentbehrlich, wenn man ein verwildertes Grundstück wieder urbar machen will und mit rostigen Drahtstücken, Glasscherben und allem Möglichen rechnen muss. In Stadtgärten besteht zudem die Gefahr des Kontakts mit Katzenkot. Frauen, die schwanger sind, müssen da besonders aufpassen, weil sich im Katzenkot für das Baby gefährliche Erreger befinden können. Und überhaupt: Wer will schon mit bloßen Händen in Katzenkot langen? Also: Gute Schuhe und ein paar ordentliche Gartenhandschuhe sind ein Muss.

Nicht ohne meinen Spaten

Besonders wichtig ist ein guter, solider Spaten. Ich bevorzuge Damenspaten, die etwas kleiner und leichter sind als die Standardvariante. Mit einem allzu schweren Spaten lädt man sich leicht zu viel auf und holt sich gleich den nächsten Hexenschuss. Beim Spaten, den man eben sehr oft braucht, sollte man nicht sparen. Der beste, schönste und vielleicht auch teuerste ist gerade gut genug. Ein guter Spaten hält auch viel länger als billige Ware. Zudem ist nichts ärgerlicher, als wenn man gerade schön in Schwung ist und dann wegen einer querliegenden Wurzel das Schaufelblatt abbricht.

Wie es sich für teures Werkzeug gehört, braucht ein guter Spaten etwas Pflege. Dazu gelegentlich das Schaufelblatt mit einer Feile schleifen und dann mit Maschinenöl einreiben. Zur Not geht es auch mit einfachem Sonnenblumenöl. Den Holzgriff öle ich gelegentlich mit Leinöl, damit er nicht spröde wird und länger hält.

Die geheime Werkzeugtasche

Von den kleinen Handschaufeln kaufe ich immer die billigsten, meist im Dutzend. Die verliere ich sowieso ständig, oder die Kinder lassen sie irgendwo liegen. Einige richtig gute, handgeschmiedete Handschaufeln besitze ich aber dennoch. Die verstecke ich in einer speziellen Tasche, die nur von mir benutzt werden darf. In dieser privaten Werkzeugtasche horte ich außerdem eine scharfe neue Felco-Rosenschere. Eine gute Rosenschere gehört einfach zur Grundausstattung, und man sollte sie niemals ausleihen! Denn es gibt Leute, die mit teuren Rosenscheren

Die Grundausrüstung

- Mehrere kleine Handschaufeln
- Ein guter Spaten
- Eine Grabegabel
- Diverse Gießkannen
- Ein paar Plastikeimer
- Bambusstangen in verschiedenen Größen
- Ein Messband
- Schnur, Scheren, Messer
- Eine gute Rosenschere
- Eine kleine Astsäge (Fuchsschwanz)
- Ein Gartenschlauch samt Schlauchrolle
- Für einen größeren Garten: eine Schubkarre
- Holzschilder und Kugelschreiber
- Diverse Saatschalen
- Tontöpfe in verschiedenen Größen

Da ist aber was gewachsen! Der Rebberggarten im März des ersten Jahres (oben) und der gleiche Ausschnitt fünf Monate später (unten).

rostige Nägel ausreißen oder noch Schlimmeres anstellen. Ein paar ältere, ausrangierte Exemplare liegen daher im Werkzeugkoffer für alle bereit. Mit denen kann man auch mal eine Schnecke zerschneiden oder zur Not eine Bierflasche öffnen.

AM ANFANG WAR WILDNIS

Am Anfang meines großen Gartens stand ein verwildertes Stück Land inmitten von Rebbergen. Dieses darf ich für einige Jahre nutzen, eine echte Herausforderung, denn es gibt hier weder einen Wasseranschluss noch sonst irgendwelchen Luxus. Fruchtbar ist dieser Flecken Erde, davon zeugen die wuchernden Brombeeren und Platterbsen, der Efeu und die Brennnesseln, die reichlich vorhanden sind. So ist im ersten Frühjahr schon für frisches Blattgemüse gesorgt. Brennnesselspinat ist bei mir immer willkommen, auch wenn die Kinder darüber mitunter die Nase rümpfen. In Form von Brennnessel-Kartoffelpuffern werden sie aber problemlos gerne vertilgt (Rezept Seite 94).

Mit den wilden Brombeeren und dem Efeu habe ich die ersten Jahre einen zähen Kampf geführt, zumal sie immer wieder kräftig aus den alten Rebmauern wuchern und ihre Wurzeln die Steine auseinandertreiben, sodass die Mauern mit der Zeit einstürzen würden. Die vielen Goldruten lassen sich zum Glück leicht samt Wurzeln ausreißen. Unter ihrem Wurzeldickicht wachsen allerdings auch einige seltene Orchideen, wie die kostbaren Bocks-Riemenzungen (*Himantoglossum hircinum*). Es gilt also, stets sehr vorsichtig zu jäten, um sie keinesfalls zu stören. Inzwischen haben sie sich recht gut ausgebreitet, da ich sie jeweils im Frühling von der aufdringlichen Goldrutenkonkurrenz befreie.

Ressourcen gut einteilen

Ein Garten ohne Wasser ist eine echte Herausforderung. Doch so habe ich gelernt, sparsam mit den Ressourcen umzugehen. Was man unter solchen Bedingungen tatsächlich anbauen kann, musste ich allerdings erst herausfinden. Auch Kompost, Mist und andere Materialien mussten mühsam die steilen Treppen hochgeschleppt werden.

Kräfte und Ressourcen schonen heißt: Man kann nicht Jahr für Jahr den Boden ausbeuten und glauben, es wachse dann immer noch etwas. Und man kann auch nicht Jahr für Jahr die eigenen Kräfte ausbeuten. Im Garten lernen wir den sorgsamen Umgang, mit dem Boden, mit dem natürlicherweise Vorhandenen, aber auch mit uns selbst. Hier entwickeln wir Respekt. Indem wir weniger kaufen und indem wir weniger wegwerfen. Selbstverständlich wird in meinem Garten aller Grünabfall kompostiert. Es wäre auch schlicht zu mühsam, ihn mitzunehmen und die Treppen hinunterzutragen.

Wenig Wasser, intensiver Geschmack

Im ersten Frühjahr habe ich als Erstes ein paar alte Fässer die Treppen hochgeschleppt, in denen ich Regenwasser sammelte. Das musste reichen, um die frisch gepflanzten Büsche und Stauden einzuschlämmen. Einmal angewachsen, erhalten die Pflanzen in diesem Garten grundsätzlich kein Wasser mehr. Außer in einem extremen Hitzesommer, dann helfe ich den Bäumchen doch ab und zu mal etwas nach. Wenn die Fässer leer sind und man jeden Wasserkanister die Treppen hochschleppen muss, überlegt

man sich aber zweimal, ob wirklich gegossen werden muss.

Und das ist auch gut so. In meinen bisherigen Gärten hatte ich immer Wasser zur Genüge und mir diesbezüglich wenig Gedanken gemacht. Nun habe ich aber bei dem Obst und Gemüse, das ich unter diesen kargen Bedingungen kultiviere, eine interessante Beobachtung gemacht. Wenn die Pflanzen weniger Wasser bekommen, wachsen sie zwar langsamer, aber viele Früchte, insbesondere Erdbeeren und Tomaten, schmecken ohne zusätzliches Gießen deutlich intensiver und besser. Auch die Kräuter haben ein intensiveres Aroma, wenn sie nur spärlich gegossen werden. Bei Reben weiß man schon lange, dass sie ihre Wurzeln möglichst tief in den Untergrund schicken müssen, um Mineralien und andere Spurenelemente heraufzuholen, die dann dem Wein den besonderen Charakter verleihen. Das Gleiche gilt auch für viele andere Obst- und Gemüsepflanzen. Weniger ist manchmal tatsächlich mehr!

Erst mal in Ruhe schauen

Zuallererst galt es, einen Plan zu entwickeln. Ich hatte am Anfang keine Ahnung, wie ich dieses große, abschüssige Stück Land gestalten sollte. Also haben wir zunächst einen Tisch und ein paar Stühle hingestellt, denn das Beste, was man am Anfang in einem neuen Garten tun kann ist, sich in Ruhe hinzusetzen und sich Zeit zu lassen. Den Tisch haben wir einige Male umgestellt, bis uns klar wurde, wo wir tatsächlich am liebsten sitzen. Die ersten Monate in diesem Garten habe ich nicht viel mehr gemacht, als einfach herzukommen, ein bisschen rumzusitzen, die Aussicht zu genießen, vor mich hinzuträumen und zu schauen, was da so alles kreucht und fleucht und vor sich hinwuchert.

Mitunter saß ich stundenlang einfach nur da, schaute einer stattlichen Otter zu, die sich vorsichtig unter einem Mauervorsprung hervorwagte, wenn ich lange genug ganz ruhig saß. Ich dachte viel darüber nach, wie Gärten entstehen und vergehen. Es muss nicht alles, was wir pflanzen, gleich für die Ewigkeit sein. Die Lebensdauer der meisten Pflanzen ist von Natur aus beschränkt. Einjährige Gemüse wachsen und reifen in nur einer Saison. Viele Stauden und Kräuter verkahlen bereits nach drei, vier Jahren und müssen dann geteilt und umgepflanzt werden, um sich zu verjüngen. Auch die meisten Bäume leben nicht ewig; gerade kleinwüchsige Obstbäume haben oft nach vielleicht zehn Jahren ihren Zenit überschritten und sollten dann gelegentlich ersetzt werden. Manches, was man in einem Gärtnerinnenleben pflanzt, verschwindet auch einfach spurlos, ohne dass man weiß wohin. Irgendwo muss es einen Pflanzenhimmel geben, wo sich all die hübschen Gewächse, die so sang- und klanglos eingehen und eines Tages plötzlich einfach nicht mehr da sind, auf einer Wolke mit kleinen grünen Engeln tummeln.

Wie gesagt, Gärten schafft man nicht für die Ewigkeit.

ZÄUNE BAUEN

Ein Garten ist per Definition ein begrenzter, eingefriedeter Raum. Er ist das Gegenteil von Wildnis, ist kultivierte Natur und muss deshalb von der Umgebung klar abgegrenzt werden. Das heißt, als Erstes nimmt man sich vorhandene Zäune und Hecken vor. Manchmal kann es auch sinnvoll sein, diese zu entfernen, zum Beispiel, wenn die Nachbarn nett sind und man gemeinsam einen größeren Garten schaffen möchte. Bei Thuja- oder Kirschlorbeerhecken ist zu überlegen, ob diese wirklich nötig sind oder ob an ihrer Stelle nicht etwas anderes wachsen könnte. Eine wilde Obst- und Beerenhecke zum Beispiel oder eine gemischte Blüh- und Naschhecke, in der Vögel Nistplätze und Nahrung finden und zu deren Füßen sich Igel verstecken. Auch der Mensch findet so Schutz vor neugierigen Blicken und kann zudem die eine oder andere Leckerei ernten. Schließlich gilt es, einen Lebensraum zu schaffen. Sterile immergrüne Hecken haben da meist nicht viel zu bieten. Außerdem sind sie mühsam zu schneiden; sie bringen eigentlich nichts außer zusätzliche Arbeit.

Das grüne Brett vor dem Kopf

Bei Garteneinfriedungen denken die meisten zunächst an immergrüne Hecken und pflanzen dann womöglich noch mehr Kirschlorbeer oder Thuja, was beides sowohl ästhetisch als auch ökologisch fragwürdig ist. Sowohl Thuja wie Kirschlorbeer laugen den Boden aus, und zu ihren Füßen wächst nichts anderes mehr. Sie müssen regelmäßig zurechtgestutzt werden. Und beim Kirschlorbeer ist außerdem darauf zu achten, dass er sich nicht vermehrt; dazu besteht inzwischen sogar eine gesetzliche Pflicht, da er als invasiver Neophyt gilt. Wenn man eine solche Hecke nach einigen Jahren entfernen möchte, ist das ein größeres Unterfangen, Bagger und Baumulde inklusive.

Ich mag Hecken auch aus einem weiteren Grund nicht besonders: Sie brauchen enorm viel Platz. Gerade in kleinen Stadtgärten nehmen die monotonen Hecken oft unangemessen viel Raum ein, auf dem andere, interessantere Pflanzen wachsen könnten. Dann kann eine dünne Betonmauer mit einem Maschendrahtzaun darauf die bessere Lösung sein. Eventuell reicht auch nur ein solide verankerter Zaun als Rankhilfe für ein buntes Dickicht, das übrigens auch viel schneller heranwächst als eine mühsam zurechtgestutzte Hecke.

Essbares statt Hecken

Man stelle sich einmal vor, all die langweiligen Thuja- und Kirschlorbeerhecken in unseren Städten und Agglomerationen würden durch Beerenobststräucher ersetzt. Wie viel Platz gewännen wir so! Wie viel frische Nahrung, wie viel Lebensraum für die Tiere und für uns selbst. Doch schon höre ich den Einwand: So ein begrünter essbarer Zaun ist ja gar nicht blickdicht, und wenn im Herbst das Laub fällt, sieht man erst recht überall hinein. Das stimmt, aber im Winter liegen wir auch nicht im Bikini auf dem Liegestuhl. In unserem Stadtgarten sind zudem rundum nette Nachbarn, mit denen sich inzwischen eine rege Grußkultur entwickelt hat, und zwischen den Ranken hindurch wird mitunter auch gefachsimpelt über das, was gerade blüht oder herumfliegt.

Die klassische blickdichte, immergrüne Hecke ist demgegenüber das sprichwörtliche Brett vor dem Kopf. Hauptsache, ich sehe meinen Nachbarn nicht, und was, wenn Passanten im Vorbeigehen mitbekommen könnten, was für schöne Tomaten wir gerade ernten! Oder es könnte am Ende noch jemand auf die Idee kommen, sich gratis einen Blumenstrauß zu pflücken. Der primäre Sinn und Zweck eines Gartens ist, einen Lebensraum zu schaffen. Für die Pflanzen, für die Tiere, für die Menschen. Und zu einem Garten, in dem man sich wohl fühlt, gehören auch ein paar freundliche Worte über den Zaun hinweg.

Grüne Wände mit Charme

Falls schon Wände oder Zäune vorhanden sind, gilt es zu überlegen, wie sich diese begrünen lassen. Inzwischen sind auf dem Markt diverse Systeme für vertikale Gärten erhältlich, die aber meist recht teuer sind und sich eher für kleinere Balkonprojekte eignen. Natürlich kann man auch aus alten Paletten, Weinkisten und sonstigem Recyclingmaterial selbst die Grundlage für grüne Wände zimmern. Wenn aber natürliches Erdreich vorhanden ist, ziehe ich es vor, dieses so weit aufzupeppen, dass die Pflanzen von Grund auf wachsen können. Die größte Arbeit besteht dann darin, Säcke mit Gemüseerde, Kompost und Eselsmist herbeizuschleppen. Wenn erst einmal guter, fruchtbarer Boden da ist, ergibt sich der Rest weitgehend von allein. Dann reichen im Prinzip eine Handvoll Samen, ein paar Stecklinge und Setzlinge und etwas liebevolle Pflege als Starthilfe.

Am Maschendrahtzaun (oben links) wachsen Himbeeren und Brombeeren. Rechts ein improvisierter Zaun aus alten Holzpaletten und Haselzweigen. Simple Sprungbarrieren aus Dachlatten und Zweigen (unten) halten die Rehe aus dem Garten fern.

Rehe müssen draußen bleiben

Bei einem offenen, verwilderten Stück Land wie in meinem Rebberggarten, darüber der Wald, ringsherum allerlei wucherndes Gebüsch, war klar, dass es erst einmal Zäune braucht. Denn Rehe im Garten, das geht gar nicht. Sie fressen alles und ganz besonders gern die jungen Triebe frisch gepflanzter Rosen und Obstbäume.

Für dieses Gartenprojekt wollte ich nichts Neues anschaffen. Und das war auch gar nicht nötig; in der Umgebung fand sich mehr als genug Baumaterial, alte Paletten, Pfähle, Bretter – alles, was das Bastlerherz begehrt. Das einzige, was ich kaufen musste, waren ein paar Schachteln Nägel sowie wetterfeste Schnur und eine Rolle Draht. Hammer, Säge und Zange habe ich, mehr war nicht nötig für das ganze Projekt.

Beim Zurückschneiden eines Teils der Haselsträucher, um überhaupt etwas Licht und Platz zu bekommen, fielen jede Menge Äste an, die für die Zäune verbaut werden konnten. Denn Rehe springen recht hoch, jedenfalls um einiges höher, als man denkt. Die Zäune müssen tatsächlich zwei Meter hoch sein, sonst hüpfen die wendigen Tiere mit etwas Anlauf leicht darüber. Und so wurden aus Dachlatten und Haselzweigen regelrechte Sprungbarrieren gebaut, die auch ganz lustig aussehen.

Im Übrigen hämmerten wir ganz einfach herumliegende Pflöcke in den Boden und nagelten Holzpaletten daran fest. Das ist alles sehr improvisiert, hat aber wie gesagt außer ein paar Schachteln Nägel und etwas Schnur und Draht keinen Pfennig gekostet. Und nach drei Jahren stehen die improvisierten Zäune immer noch und verschwinden langsam unter einem grünen Blätterkleid.

Falls auf dem Grundstück, wo der Garten entstehen soll, gerade kein verbaubarer Müll herumliegt, lohnt sich ein Blick in die Sperrmüllabfuhr oder in die Mulden auf Baustellen. Ich frage auch einfach aufs Geratewohl nach alten Brettern und Pflöcken.

ZÄUNE BEGRÜNEN

Anders sah es im Stadtgarten aus. Hier war vor meinem Einzug in das Gemeinschaftsatelier ein Teil der Parkplätze aufgelöst und durch eine Rasenfläche ersetzt worden. Bei der Gelegenheit wurde eine Betonmauer errichtet und obendrauf ein ordentlicher Maschendrahtzaun gesetzt. Das ist eine ideale Ausgangslage, ganz im Ernst. Betonmauern sind viel besser als Kirschlorbeer- oder Thujahecken. Sie brauchen nämlich bedeutend weniger Platz, und sie schaden dem Boden nicht. Am Fuß der Mauer können auch empfindlichere Pflanzen vor Wind und Kälte gut geschützt heranwachsen. Außerdem ist eine schöne neue Betonmauer auch ästhetisch befriedigend. Eine klare Sache. Und die Stars sind dann sowieso die Pflanzen. Maschendrahtzaun hingegen ist an sich nicht besonders schön, aber zum Begrünen ist er ideal und wird dann bald nicht mehr zu sehen sein.

Tiefrote Rankwunder

Als Erstes habe ich zwei Rambler-Rosen gepflanzt, und zwar die tiefrote 'Chewy Chase', deren Ranken an die zehn Meter lang werden. Damit sie ordentlich loslegen, habe ich ihnen Kompost und Eselsmist mit auf den Weg gegeben. Rambler sind ideale Pflanzen, um größere Zäune zu beranken, und wenn sie blühen, bleiben inzwischen die Passanten stehen und posten Fotos von der Pracht. Außerdem habe ich dornenlose Brombeeren sowie einige Himbeerstöcke an den Zaun gepflanzt. Etwas zum Naschen ist immer gut. Damit der Zaun schon im ersten Jahr möglichst unter einem grünen Kleid verschwindet, kamen noch Sonnenblumen und Stockrosen dazu sowie einjährige Kletterpflanzen wie die Schwarzäugige Susanne. Auch Glockenreben, Feuerbohnen und Hopfen eignen sich, um Zäune rasch zu begrünen.

Gemütliche Sitzgelegenheiten kann man nie zu viele haben. Oben links improvisierte Bänke aus alten Granitplatten, rechts ein kleiner mit Holzhäcksel bestreuter Platz beim Atelier. Unten ein einzelner Stuhl vom Flohmarkt.

Bedächtige Kiwi

Als langfristigeres Projekt habe ich noch ein Dream-Team-Kiwi-Pärchen eingefügt, das bereits zweimal umziehen musste. Das Weibchen ist eine 'Hayward', das Männchen ein 'Tomuri'. Inzwischen sind zwar auch selbstfruchtbare Züchtungen auf dem Markt, aber sie fruchten nicht annähernd so zuverlässig wie ein gut harmonierendes Pärchen, und falls sie Früchte bilden, sind diese eher klein. Also lieber auf das klassische Paar setzen!

Im zweiten Frühling nach dem Umzug sind meine beiden Kiwis schon wieder etwas gewachsen und zeigten ihr schönes, rot bepelztes Laub. Bis sie Früchte bilden, werden sie sicher noch ein, zwei Jahre über die Verpflanzung schmollen. Sowieso dauert es bei klassischen Kiwis jeweils recht lange, bis sie zu fruchten beginnen. Und wenn man sie verpflanzen muss, beginnt man wieder ganz von vorne.

Umso neidischer schiele ich zu Freunden am Bielersee, die in Bezug auf Kiwis die reinste Erfolgsgeschichte zu erzählen haben. Im ersten Jahr nach der Pflanzung bildeten ihre beiden Kiwipflanzen naturgemäß keine Früchte. Bereits im zweiten Jahr aber hatten sie 20 Früchte ernten können. Im dritten Jahr zählten sie deren 36, und im vierten Jahr konnten sie sage und schreibe 99 große, schöne Kiwifrüchte ernten. Man muss sie Ende Oktober, jedenfalls zeitig vor den ersten Frösten, in noch grünem Zustand ernten. Sie werden dann sorgfältig im Keller gelagert, wo sie in Ruhe nachreifen können. Pünktlich auf die Weihnachtszeit hin sind sie dann genussreif. Und Qualität und Geschmack sind um Welten besser als die von jeder aus Übersee eingeflogenen, gekauften Kiwi. Der Versuch mit Kiwis lohnt sich auf jeden Fall. Weil ich bisher noch keine eigenen Früchte ernten konnte, kommt in diesem Buch aber noch kein Rezept dazu vor.

Das grüne Zimmer

Langsam entwickelt sich der Stadtgarten zu einem grünen Zimmer. Der Maschendrahtzaun verschwindet zusehends unter den Ranken der Rambler-Rosen und Brombeeren, dazwischen winden sich Schwarzäugige Susanne und Hopfen. Die Stockrosen schieben ihre magentafarbenen, hellgelben und zartrosaroten Blüten zwischen Drahtmaschen und Laubdickicht hindurch und leuchten munter der Sonne entgegen. Die Himbeeren recken einem ihre mit süßen Früchten beladenen Zweige entgegen und wachsen einem fast in den Mund. Vom Parkplatz erobert die Zierrebe Meter um Meter in alle Richtungen, dass es eine wahre Freude ist. Tatsächlich ist innerhalb von zwei Sommern aus dem tristen grauen Innenhof im Stadtzentrum ein grüner Lebensraum entstanden. Der Zweck eines urbanen Gartenzimmers ist, neben einem gemütlichen Freiraum für die Menschen, auch den Tieren neue Lebensräume, Verstecke und Nahrung zu bieten. Im letzten Sommer konnten wir schon fünf verschiedene Sorten Schmetterlinge zählen, dazu diverse Hummelarten, Bienen und Schwebfliegen. Neben Spatzen und Tauben sind nun auch Kohl- und Blaumeisen zu Gast, die sich mit Vergnügen über die Kerne der Sonnenblumen hermachen, und ab und zu kommt ein Rotkehlchen zu Besuch. Dutzende von Marienkäferlarven fressen sich gerade durch die Läusekolonien auf dem Fenchel.

Das biologische Gleichgewicht

Anfangs gab es in der an sich toten Erde unter dem ehemaligen Parkplatz natürlich keine Würmer. Doch inzwischen vermehren sich die Regenwürmer, die wir ausgesetzt haben, gut in den neu angelegten Beeten. Bleibt zu hoffen, dass die Amseln sie nicht schneller dezimieren, als sie sich vermehren können. Im Großen und Ganzen stellt sich aber auch auf sehr kleinem Raum – hier ist es die Fläche von etwa drei Parkplätzen – ein biologisches Gleichgewicht ein. Oft sitze ich einfach nur da, schaue meinen Beeren und Tomaten beim

Quadratische kleine Beete schaffen eine hübsche Struktur und sind praktisch, um Gemüse, Kräuter und Blumen wild durcheinander anzubauen.

Reifen zu und beobachte die Insekten. Natürlich schneide ich hier und dort etwas weg, streue die reifen Samen der Stockrosen in Lücken und mache den spanischen Wegschnecken den Garaus, die in diesem Sommer plötzlich wie aus dem Nichts aufgetaucht sind. Ansonsten gilt: Leben und leben lassen.

PLÄTZE FÜR MUSSESTUNDEN

In einem Garten geht nichts über einen guten Sitzplatz. In unserem Stadtgarten zeigte sich bald, dass wir uns in der hinteren Ecke am wohlsten fühlten, schön geborgen bei den langsam zuwachsenden Zäunen. Den Rasen hatten wir entfernt, den Boden schön flach ausgeebnet und eine wasserdurchlässige Geotextilfolie aus dem Fachhandel darübergespannt. Und dann kommen ganz einfach Holzhäcksel darauf, das ist an einem halben Tag erledigt.

Ein Sitzplatz sollte jeweils gut zwei Meter länger und breiter sein als der dort platzierte Tisch, sodass man die Stühle noch bequem zurückrücken kann. Runde Tische benötigen etwas mehr Platz. Für einen Stuhl rechnet man einen Quadratmeter, für den Tisch variiert der Platzbedarf je nach seiner Größe. Hier ein paar Anhaltspunkte: Auf einem Sitzplatz mit einer Grundfläche von 4 x 3 Metern können sechs Leute bequem Platz nehmen. Auf einem Platz von 4 x 5 Metern haben entweder ein runder Tisch für sechs oder ein langer Tisch für acht Personen Platz.

Meine grüne Rebenlaube

Im wilden Rebberggarten war ausreichend Platz vorhanden, um an verschiedenen Orten Tische aufzustellen, um erst einmal ein Gefühl für den Ort zu bekommen. Über einen der Tische auf einem leicht erhöhten, von alten Reben umwucherten Absatz haben wir schließlich eine Pergola gebaut und die Ranken der Reben ordentlich darübergezogen. So ist ein richtiges grünes Zimmer entstanden, das besonders im Sommer ein willkommener schattiger Ort ist, um sich für eine Weile zurückzuziehen. In der grünen Rebenlaube sieht mich niemand. Aber die Reben müssen natürlich immer wieder kräftig zurückgeschnitten werden, sonst nehmen sie den ganzen Raum für sich ein. Bei dieser Gelegenheit fallen haufenweise zarte Weinblätter für die Küche an (Rezept siehe Seite 132). Und jetzt, wo die alten Reben ordentlich geschnitten werden, tragen sie auch reichlich süße Trauben.

Die große Feuerstelle

Auf der großen freien Fläche im oberen Bereich haben wir eine Feuerschale aufgestellt. Auf improvisierten Steinbänken kann man gemütlich um das Feuer herum sitzen. Von einem früheren Garten hatte ich noch lange schmale Granitplatten übrig; diese habe ich auf große Steine gelegt, die zuhauf herumlagen. Diese improvisierten Bänke sind äußerst pflegeleicht und halten jedem Wetter stand. Wir sitzen gerne mit Freunden dort am Feuer und diskutieren in die Nacht hinein. Eine gemütliche Ecke muss wirklich nicht kompliziert sein, und teure Gartenmöbel wären in diesem wilden Garten nur fehl am Platz.

EIN HOCH AUF DAS HOCHBEET

Am liebsten mag ich geordnetes Chaos. Darum habe ich für den Stadtgarten zehn ordentliche Holzkästen gezimmert, jeweils 1 Meter breit und 1 beziehungsweise 1,40 Meter lang, und sie schön regelmäßig in einem geometrischen Muster angeordnet. Ein solches, quer verlaufendes Muster lässt ein schmales Stück Hinterhof größer und auch breiter wirken. Da in diesem Garten nur der Asphalt entfernt und etwas Erde aufgeschüttet wurde, genügen niedrige Holzrahmen als Struktur. Man kann aber auch größere Hochbeete oder Pflanzkisten direkt auf einen Asphalt- oder

Das reinste Schlaraffenland (oben): Die quadratischen Holzkästen verschwinden im Sommer fast komplett unter dem üppigen Gemüse, den Blumen und Kräutern. Einfache Stufen (unten) lassen sich leicht aus alten Planken oder Brettern improvisieren.

Betonboden stellen. Die meisten Gemüsepflanzen und Blumen kommen mit 30 bis 40 cm hohen Beeten gut zurecht. Zwischen den Kästen habe ich saubere Wege angelegt. Das ist praktisch, schafft Übersicht und Ordnung. Vor allem spart man sich mit einer solchen Struktur viel Arbeit. Die Bretter waren zu zweit schnell an einem Vormittag zusammengeschraubt. Die Wege haben wir mit unkrauthemmender wasserdurchlässiger Folie und Holzhäckseln belegt. In die kleinen Beete füllten wir gute Bio-Gemüseerde, Kompost und etwas Mist – und schon kann es losgehen.

Verdichten und Platz sparen

In Kistchen und Kästen wird generell viel dichter gepflanzt, als in einem großen Gemüsebeet. Umso wichtiger ist es, die Pflanzen entsprechend ihren Platzbedürfnissen zu vergesellschaften, damit sie keinen Stress bekommen. Wurzelgemüse sollte mit Pflanzen kombiniert werden, die über der Erde mehr Raum einnehmen. Man würde aus Platzgründen niemals Kartoffeln und Karotten kombinieren, da ihre Wurzeln und Knollen einander in die Quere kämen. Hingegen sind Lauch und Karotten ideale Partner, da die Lauchstangen nach oben und die Karotten nach unten wachsen. Außerdem gilt es, auf den Nährstoffbedarf der Pflanzen zu achten. Zucchini oder Tomaten, die den Sommer über sehr hungrig sind, dulden keine allzu gefräßige Konkurrenz neben sich. Ein paar zarte Basilikumpflänzchen oder Knoblauch, der platzsparend und bescheiden wächst, passen aber allemal neben die Tomaten. Zucchini lasse ich gleich für sich in einem großen Kübel, da sie so viel Wasser und Nahrung wie möglich für sich allein haben sollten.

Sonne oder Schatten

Sowohl im Hochbeet, im Garten als auch im Kasten auf dem Balkon sollen grundsätzlich nur diejenigen Pflanzen miteinander kombiniert werden, die ähnliche Bedürfnisse und Ansprüche haben. So passen mediterrane Kräuter wie Rosmarin, Thymian und winterhartes Bohnenkraut gemeinsam in eine Kiste mit Kräuter- oder Kübelpflanzenerde gepflanzt an ein sonniges Plätzchen. Minze und Melisse, die humosere Erde, mehr Feuchtigkeit und weniger Sonne brauchen, kommen zusammen in eine andere Kiste. Und Erdbeeren wachsen gerne zusammen mit einem Säulenapfelbaum in einem größeren Kübel auf dem Balkon.

Das Wichtigste beim Kombinieren ist letztlich das Ausprobieren. Einfach mal fröhlich drauflos pflanzen, die Erfahrung kommt mit der Zeit von selbst. Hauptsache bunt gemischt! Das sieht nicht nur besser aus, es macht auch mehr Spaß. Und falls eine Kombination offensichtlich nicht funktioniert, kann man auch während der Saison noch das eine oder andere Gewächs ausquartieren und die Pflanzen neu zusammenstellen. Manchmal wachsen Setzlinge auch rascher als gedacht, oder eine Blume wird größer und buschiger als erwartet. Dann gibt man ihr nach Bedarf einen entsprechend größeren Kübel.

STRUKTUREN SCHAFFEN

Mein wilder Garten liegt am Hang. Rasch hat sich gezeigt, dass das Gefälle nicht so leicht zu handhaben ist. Bei Regen kann man kaum zum oberen Bereich gelangen, ohne auf dem nassen, abschüssigen Boden auszurutschen. Außerdem ist ein zu starkes Gefälle zum Bepflanzen alles andere als praktisch. Also muss etwas geschehen.

Treppen und Stufen

Eines der ersten Projekte war, erst einmal ein paar Treppen zu bauen. Das geht besonders leicht, wenn der Boden nass ist und die Erde sich mühelos wegschaufeln lässt, um Stufen anzulegen. Ist der Boden trocken, ist er hart wie Beton.

Nach einigen Regentagen habe ich also an der steilsten Stelle des Hangs einige Stufen geschaufelt, herumliegende Bretter zurechtgesägt und sie mit etwa einen halben Meter langen Eisenstangen befestigt. Solche Treppen sind extrem einfach selber zu bauen. Ich habe sie nach Gutdünken angelegt, sie sind vielleicht etwas schräg und unregelmäßig, passen aber in dieser durch und durch improvisierten Weise gut zum wilden Charakter des ganzen Gartens. Und sie erfüllen auf jeden Fall ihren Zweck. Wer regelmäßige Treppen bauen will, kann die einzelnen Stufen natürlich ausmessen. Die Höhe der einzelnen Stufen ergibt sich aus dem Gefälle.

Terrassen und Stützwände

Größere Bretter dienten dazu, das Gelände stückweise zu terrassieren. Im oberen Bereich, wo der Sitzplatz liegt, ist die Bretterwand gut einen halben Meter hoch. Dahinter habe ich fruchtbare Erde aufgeschichtet. Nun wachsen auf diesem Beet diverse Beerensträucher, und mediterrane Kräuter fassen den Rand ein. Außerdem habe ich noch einige Pfingstrosen eingefügt, die den guten Boden schätzen. Am unteren Ende des abschüssigen Gartenbereichs haben wir eine weitere, etwas niedrigere Bretterwand gebaut, über die Thymian, Walderdbeeren und Schleifenblumen herunterwachsen. So rutscht die Erde nicht mehr auf den Weg hinunter. Solche improvisierten Terrassierungen aus alten Brettern kann man überall bauen, wo ein Grundstück zu abschüssig ist, um es gescheit zu bepflanzen. Flache Terrassen sind leichter zu handhaben. Und wenn es einmal stark regnet, schwemmt das Wasser auch nicht gleich die ganze Erde samt Nährstoffen weg.

Wege und Pfade

Ein Garten braucht Wege. Meist ergeben sie sich von selbst, weil man immer an der gleichen Stelle geht und sich bald ein Trampelpfad bildet. Aber es lohnt sich zu überlegen, ob die Wegführung, die sich von selbst ergibt, auch wirklich die beste Variante ist. Mitunter wirkt ein Garten größer und interessanter, wenn man nicht auf dem direktesten Weg von einer Ecke in die andere gehen kann. Kleine Umwege lassen Gartenräume größer erscheinen. Und natürlich ist es interessanter, wenn man nicht gleich alles auf einmal sieht. Umwege erhöhen die Ortskenntnis.

Da ich praktisch kostenfrei oder sehr günstig gärtnere, kommen teure Wegbeläge nicht in Frage. Stattdessen gebe ich einfach Holzhäcksel darauf, so kommt man auch bei Regenwetter gut durch den Garten. Außerdem haben Holzhäcksel den großen Vorteil, dass sie nicht so schwer sind. Man bekommt sie günstig beim lokalen Forstamt. Bei einem mit dem Auto zugänglichen Garten kann man natürlich auch ein paar Wannen Kies herankarren. Kies ist aber sehr schwer, auch zum Schaufeln. Doch Kieswege sehen immer gut aus, und halten viel länger. Für dauerhafte Wege lohnt es sich, den Boden mit Geotextilfolie zu belegen, und den Kies darauf auszubringen. So wachsen die Beikräuter nicht gleich durch die Kieselsteine hindurch.

Vorhandene Bäume

Auf dem Grundstück im Rebberg standen etliche alte Obstbäume, die aber alle recht vernachlässigt und lange nicht geschnitten worden waren und wenn, dann falsch. Ein stattlicher Pfirsichbaum, der ordentlich Früchte trägt, durfte stehen bleiben, ebenso ein kleiner wilder Kirschbaum, der ganz hübsch aussieht, obwohl er bis jetzt kaum Früchte trug. Der Pflaumenbaum, der mitten im Garten steht, hat mir anfangs gut gefallen, weil er dem Garten Struktur und ein Gefühl von Reife verlieh. Nach zwei Jahren haben wir ihn aber gefällt, und dafür etwas weiter unten eine Reihe von drei verschiedenen jungen Red-Love-Apfelbäumen gepflanzt.

Wenn man einen Garten übernimmt, sollte man alte Bäume nie zu rasch fällen. Ich schaue mir erst einmal eine Weile alles genau an und beobachte es im Jahreslauf. Erst wenn sich zeigt, dass der eine oder andere Baum wirklich im Weg ist oder einem gar nicht gefällt, kommt er weg. Wer sich zu rasch ans Bäumefällen macht, bereut es manchmal im Nachhinein. Ebenso sollte die Pflanzung neuer Bäume gut überlegt werden. Man kann sie zwar nach ein oder zwei Jahren immer noch versetzen, falls man dann merkt, dass sie nicht am richtigen Ort stehen. Aber wenn sie einmal richtig angewachsen sind, sollte man sie eigentlich in Ruhe lassen.

Provisorische Höhe schaffen

Um ein Gefühl für den Raum zu bekommen, kann man mobile Objekte wie Sonnenschirme, Tische oder auch ein altes Weinfass aufstellen. Diese Gegenstände können problemlos von einer Ecke in die andere verschoben werden, bis man sich wohl fühlt und sich einigermaßen vorstellen kann, wo der Sitzplatz sein soll und wo man gerne etwas Höheres, einen Baum oder vielleicht gar eine zusätzliche Hecke pflanzen möchte. Beim Start in einem neuen Garten pflanze ich auch gerne große Sonnenblumen, um zu sehen, wie das Grundstück wirkt, wenn an dieser oder jener Stelle etwas richtig Großes gedeiht. Sonnenblumen sind ideale Pflanzen, um im ersten Sommer einfach einmal auszuprobieren, wie der Garten strukturiert und gestaltet werden könnte. Dasselbe gilt für Feuerbohnen; auch sie wachsen sehr rasch und erlauben es, auszuprobieren, wie eine Abgrenzung wirkt. Zu diesem Zweck werden einfach ein paar Dachlatten in den Boden gehämmert. So entsteht ein provisorischer Zaun, der im Herbst nach dem Frost wieder entfernt wird. Bis dahin weiß man, ob die Idee funktioniert und ob es sinnvoll ist, an dieser Stelle etwas Dauerhaftes zu pflanzen.

WAS WIE ZUSAMMENPFLANZEN

Früher baute man im Garten alles ordentlich sortiert in Reihen an. Aber für Schädlinge ist es natürlich ein gefundenes Fressen, wenn alle Kohlköpfe und alle Karotten schön beisammen wachsen. Für sie ist das wie im Supermarkt. Solche sauberen Gemüsereihen machen allerdings viel Arbeit. Nirgends fällt Unkraut mehr auf, und es muss ständig gehackt und gejätet werden.

Gemeinsam in die Kiste

Die Idee der Mischkultur geht davon aus, dass manche Pflanzen sich gegenseitig helfen, andere jedoch einander eher stören. Teilweise gibt es logische, auch für Anfänger nachvollziehbare Gründe für die Mischkultur. So werden nie zwei Wurzelgemüse nebeneinander angesät, weil sie sich den Platz unter der Erde streitig machen würden. Ebenso werden nicht zwei besonders hohe und große Pflanzen nebeneinander gesetzt. Sinnvoller ist es, etwa neben Lauch Karotten zu pflanzen; der Lauch wächst nach oben, die Karotten nach unten, außerdem vertreibt der Lauchgeruch die Karottenfliegen. Langsam wachsende Gemüse wie Blumenkohl oder Brokkoli werden mit Schnittsalat oder Radieschen unterpflanzt, die dann längst geerntet sind, wenn die Kohlgewächse mehr Platz brauchen. Auch zwischen Kürbissen und Zucchini ist zu Beginn der Saison noch Platz für Salate.

Verschiedene Gemüse und Blumen miteinander kombiniert, laugen den Boden nicht einseitig aus. Die Nährstoffe werden besser verwertet, und es muss weniger gedüngt werden. Auch Schädlinge treten weniger häufig auf, da die Gerüche der verschiedenen Pflanzen sie verwirren. So helfen Zwiebeln neben Karotten, die Karottenfliegen fernzuhalten. Kümmel verbessert das Wachstum und den Geschmack von Kartoffeln. Und Knoblauch hält Blattläuse von den Rosen fern. Das Prinzip lässt sich gut auch auf den Balkon oder das Hochbeet

Mischkultur, die besten Partner

- Kümmel lässt Kartoffeln, Kohl und Gurken besser wachsen.
- Tomaten schmecken intensiver, wenn Petersilie neben ihnen gedeiht.
- Dill vertreibt die Karottenfliege.
- Rettich vertreibt die Lauchmotte.
- Knoblauch hält Schädlinge von Himbeeren fern.
- Bohnenkraut vertreibt Läuse und fördert das Wachstum der Bohnen.
- Basilikum neben Tomaten hilft gegen Mehltau.

übertragen. Im Kleinen gedeihen die Pflanzen ebenfalls besser, wenn sie geschickt miteinander kombiniert werden. Und vor allem macht es mehr Spaß. Wenn man die Regeln allzu streng anwendet, wird es aber rasch einmal etwas starr und kompliziert.

Wildes Durcheinander

Ich kombiniere einfach nach Lust und Laune drauflos, Hauptsache schön bunt und wild. Die nötige Ordnung schaffen die geometrisch angeordneten Beetkästen, und die Pflanzen dürfen dann im Lauf der Saison ruhig etwas überborden und sich auch selbst weiter mischen und ineinander wachsen, ganz wie es ihnen beliebt.

So pflanze ich jeweils einfach dort, wo gerade ein Platz frei ist und wo es mir spontan richtig scheint. Ich baue mein Gemüse seit vielen Jahren nach diesem Nichtprinzip an, und es funktioniert gut. Dabei weiß ich noch nicht einmal, welchen pH-Wert der Boden hat. Es würde mir auch nie in den Sinn kommen, eine Bodenprobe einzuschicken, um eine Nährstoffanalyse vornehmen zu lassen. Das ist hinausgeworfenes Geld, und die Pflanzen wachsen auch ohne Bodenanalyse. Schließlich soll der Garten vor allem Freiheit bieten. Und viele Pflanzen finden sich sowieso ganz von allein zurecht. Sie versamen sich von Jahr zu Jahr und tauchen dort auf, wo es ihnen am besten gefällt. Diesbezüglich könnten wir von ihnen auch etwas für unser eigenes Leben lernen.

PERMAKULTUR UND WALDGARTEN

In meinem großen Rebberggarten habe ich so wenig Wasser, dass ich mir die Bepflanzung gut überlegen musste. Hier haben mir die Prinzipien der Permakultur weitergeholfen. Die Permakultur versucht nachhaltige, in sich geschlossene Kreisläufe zu schaffen, die langfristig funktionieren. Im Garten sind dabei Wärmefallen aus Steinen, Wasserkreisläufe oder sich gegenseitig schattierende Bepflanzungen wichtig.

Das Waldgartenprinzip

Besonders wenn ein Garten sehr heiß und trocken ist, lohnt es sich, sich am Beispiel des Waldes zu orientieren. Dort wachsen im Schatten großer Bäume Stauden und einjährige Pflanzen, die allein in der Hitze niemals zurechtkämen. Dieses Prinzip kann man auch für die Bepflanzung eines Gartens nutzen. So habe ich diverse Bäume und Beerensträucher über den ganzen Garten verteilt. In ihrem Schatten gedeihen Stauden, mehrjährige Gemüse und Kräuterpflanzen. Auch auf den Wasserhaushalt wirken sich Bäume und Büsche günstig aus. Das meiste Wasser verdunstet nämlich, wenn die Sonne ständig auf den ungeschützten Boden brennt. Was ich dem Wald ebenfalls abgeschaut habe, ist das Mulchen. Auf den Waldboden fällt jeden Herbst eine dicke Laubschicht, unter der die Erde schön feucht bleibt. Dieser Effekt lässt sich im Garten nachahmen, indem man im Frühling nach einem kräftigen Regen eine dicke Mulchschicht ausbringt. Ich verwende dafür geschnittenes Miscanthus-Schilf, das in der Nähe kultiviert und zu diesem Zweck in handlichen Säcken verkauft wird. Auch eigenes Laub kompostiert man besser in Säcken und bringt es dann im Frühling im Garten aus. Im Herbst würde der Wind die Blätter gleich wieder wegpusten.

Zum Mulchen kann man auch Schnittabfälle häckseln und direkt ausbringen, aber dafür braucht man eine Schreddermaschine. Kompost eignet sich ebenfalls gut als nährender Mulch. Wenn ich Stauden schneide, lege ich mitunter auch einfach das ganze Schnittgut auf die Beete. Hauptsache, der Boden ist geschützt und erodiert nicht.

Neophyten treffen Einheimische

Warum nicht exotische Gemüse neben alten einheimischen Sorten? Ich bin sehr für Multikulti im Garten. Hauptsache Vielfalt! Sicher gibt es Insekten, die nur von einheimischen

Oben links: Beeren, Zucchini, Tomaten und allerlei Kräuter bunt gemischt.
Oben rechts: Erst einmal Höhe schaffen mit Sonnenblumen und provisorisch einen Schirm aufstellen.
Unten: Mit dem Waldgartenprinzip schaffen große Pflanzen etwas Schatten, sodass darunter zartere Stauden gedeihen können.

Buntes Neben- und Miteinander: Der Ateliergarten bietet vielen Insekten, Vögeln und natürlich auch Kollegen und Freundinnen einen willkommenen Lebensraum.

Pflanzen leben können, aber es genügt, wenn wir diese seltenen einheimischen Pflanzen stehen lassen. Daneben auch exotische Gewächse zu kultivieren, stört die Viecher ganz und gar nicht. Im Gegenteil, mitunter sind Bienen und Schmetterlinge froh, wenn sie etwas später in der Saison noch Nektar finden. Tatsächlich blühen die meisten einheimischen Pflanzen im Frühling und Frühsommer. Ab August bietet ein strikt nach patriotischen Kriterien bepflanzter Garten kaum mehr Nahrung für die Insekten. Und ob ausländische Pflanzen, die inzwischen als invasive Neophyten verteufelt werden, tatsächlich beim Jäten mehr Mühe machen, sei dahingestellt. Das sind oft stark ideologisch gefärbte Diskussionen. Meiner Erfahrung nach sind die als gute alte Einheimische geltenden Brombeeren, Brennnesseln und wilden Haselsträucher mindestens so vermehrungsfreudig wie die heute verteufelten und verbotenen Goldruten und Schmetterlingssträucher. Oftmals haben allzu radikale Ansichten mehr mit einer gewissen politischen Haltung zu tun, als sich die Verfechter der Schwarzen Listen selbst eingestehen wollen. Meiner Meinung nach kann eine von selbst aufgetauchte Pflanze von Natur aus und per Definition nicht illegal sein, genauso wenig, wie ein Mensch allein durch sein Dasein illegal sein kann. Wir leben alle auf demselben Planeten und müssen sehen, wie wir neben- und miteinander einigermaßen vernünftig klarkommen. Außerdem ist auch zu berücksichtigen, dass sich unser Klima verändert, und vielleicht sind wir bald einmal froh, dass neue Pflanzen bei uns auftauchen, die mit Hitze, Überschwemmungen und Winterstaunässe besser klarkommen als unsere herkömmliche einheimische Flora. Auch darum finde ich es interessant, mit exotischem Gemüse zu experimentieren. Das eine oder andere wird hier vielleicht bald schon zum Standard gehören, wenn sich die Wetterverhältnisse grundlegend geändert haben werden.

MEINE KÜCHE

Reiche Ernte: Oben links das Ausbuddeln der Topinamburknollen, oben rechts schneidet Koch Ueli Schneeberger frische Kräuter. Unten: Immer noch die Lieblingsbeschäftigung von Tochter Jeanne Rose: Frische Erdbeeren pflücken.

GEMÜSE PUTZEN UND VORBEREITEN

Die Ernte aus dem Garten sieht natürlich nicht so aus, wie wir es vom Supermarkt her gewohnt sind. An den Wurzeln klebt Erde, auf den Salatblättern krabbeln vielleicht noch ein paar Läuse. Mitunter versteckt sich eine Raupe im Kohl. Das gehört dazu. Wenn die Tierchen froh am Gemüse saugen und knabbern, wissen wir jedenfalls, dass es auch für uns unbedenklich genießbar ist. Keine Viecher bedeutet meistens, dass entsprechend Gift verwendet wurde.

Waschen, bürsten, putzen

Wurzeln und Knollen bürstet man sinnvollerweise bereits an Ort und Stelle im Garten etwas ab. Es wäre schade, beim Waschen zu viel guten Humus einfach den Abfluss hinunterzuschwemmen. Mit Gartenerde gehe ich immer etwas geizig um und versuche, sie möglichst in den Beeten zu behalten. Ich schneide auch die Teile, die sowieso auf dem Kompost landen würde, gleich draußen im Garten weg: Kohlstrünke, faule Blätter und allzu wurmstichige Karotten brauche ich erst gar nicht in die Küche zu tragen. So spart man sich unnötige Arbeitsgänge. Es macht auch keinen Sinn, irgendwelche Tierchen und angefaulte Pflanzenteile in die Wohnung zu schleppen. Asseln, Raupen, Ohrwürmer und Schnecken werden ebenfalls draußen abgeschüttelt oder weggekratzt, die wollen wir ganz gewiss nicht im Haus haben.

Sorgfältig säubern

In der Küche werden insbesondere Wurzeln und Knollen erst einmal sorgfältig gewaschen und gut abgebürstet. Unregelmäßig gewachsene Pflanzenteile muss man besonders gut säubern, da an den verwinkelten Stellen besonders gut Erde und Sand haften. Alle faulen, verdorbenen oder sonstwie schlechten Teile werden ebenfalls gleich weggeschnitten. Zwischendurch die Arbeitsfläche abwischen, damit die Erde nicht wieder an das frisch geputzte Gemüse gelangt. Man muss das ordentlich trennen: auf der einen Seite das bereits saubere Gemüse, und im Abguss oder auf einem separaten Haufen die entfernten, verschmutzten Teile. Eine Schüssel oder ein Teller helfen dabei, beides gründlich voneinander zu trennen. Erst wenn alles ganz sauber ist, geht es ans schälen. Gerade bei Kartoffeln, Taro oder Süßkartoffeln wäre es schade, wenn die frisch geschälten Teile gleich wieder mit Erde verschmutzt werden.

Gemüsebrühe aus Resten

Wenn das Gemüse vor dem Schälen ordentlich geputzt und gewaschen wurde, können die Schnittabfälle gleich weiterverwendet werden. Die sauberen Schalen von Karotten und anderem Wurzelgemüse, welke Blätter, kleinere Wurzelstücke und Anschnitte lassen sich beispielsweise für einen Gemüsefond verwenden. Dazu köchle ich sie etwa eine Stunde zusammen mit einer Zwiebel und einem Lorbeerblatt. Danach alles durch ein Küchensieb absieben und den Fond beiseitestellen. Kohl, Rettich und andere Kreuzblütler gehören nicht in den Gemüsefond, da die Brühe dadurch einen penetranten Kohlgeschmack annehmen würde. Auch bittere Pflanzenteile haben hier nichts verloren. Kartoffelschalen werden ebenfalls nicht verwendet, da sie kaum Geschmack abgeben.

Im Kühlschrank hält sich Gemüsefond zwei bis drei Tage. Er kann auch portionsweise oder in einem Eiswürfelbehälter eingefroren werden. Den Fond verwende ich zum Kochen von Teigwaren, Reis oder Hülsenfrüchten, und natürlich zur Zubereitung diverser Suppen.

FRISCH VOM BEET

Luxus pur ist für mich, vor dem Essen kurz in den Garten zu gehen und zu schauen, was gerade reif ist. Oder noch schnell auf dem Balkon ein paar frische Kräuter, eine Handvoll

Oben: Japanische Blattsalate sauber abschneiden, so wachsen sie mehrmals nach.
Unten: Werden stetig hier und dort ein paar Blätter und Stiele geerntet, gedeihen die Pflanzen die ganze Saison über weiter.

sonnengereifter Erdbeeren und die eine oder andere essbare Blüte zu pflücken, bevor die Gäste kommen. Grundsätzlich versuche ich alles möglichst frisch zu verwenden. Lagern ist immer kompliziert und aufwendig. Aber manchmal muss man doch mehr ernten, als gerade verwendet werden kann, beispielsweise dann, wenn das Wetter plötzlich umschlägt und die Tomaten schon überreif sind.

Respektvoll ernten

Ernten heißt nicht einfach den Garten plündern. Vielmehr sehe ich bei dieser Gelegenheit nach den Pflanzen, pflücke ein paar reife Tomaten und entferne gleichzeitig die überzähligen Geiztriebe. Oder ich zerquetsche ein paar Läuse, die ich gerade sehe. Gärtnern ist immer ein Geben und Nehmen, es ist ein Austausch. Ich spreche auch mit meinen Pflanzen, und das ist kein Scherz. Mit den Pflanzen reden und ihnen etwas liebevolle Zuwendung schenken ist vielleicht der wichtigste Gartentipp überhaupt. Und wenn die Früchte besonders schön sind, sage ich Danke zu den Himbeeren und streiche mit den Fingern über die Blätter. Oder ich mache den Karotten ein Kompliment, weil sie so gut wachsen. Pflanzen sind Lebewesen, und wenn wir ihnen mit Respekt und Liebe begegnen, gedeihen sie besser. Inzwischen ist das auch wissenschaftlich bewiesen. Pflanzen reagieren auf Töne, auf Berührungen, auf feinstoffliche Schwingungen. Ziemlich sicher nehmen sie wesentlich mehr wahr, als uns gemeinhin bewusst ist.

So schneiden, dass die Pflanzen weiterwachsen

Grundsätzlich achte ich bei der Ernte darauf, nichts zu entnehmen, was die Pflanzen brauchen, um möglichst gut weiter zu gedeihen. Sie geben schlicht mehr her, wenn wir bewusst und sorgfältig ernten. Das heißt vor allem: Blätter und Stiele stets mit einem scharfen, sauberen Messer wegschneiden, und sie nicht zerquetschen oder einfach abrupfen.

Manche Pflanzen wachsen besser weiter, wenn man jeweils die unteren Blätter erntet und die oberen Triebe weiterwachsen lässt. Insbesondere bei Mangold wird immer von unten her geerntet. Dabei reiße ich die Blätter am Ansatz sanft weg. Hier wird ausnahmsweise nicht geschnitten, da die Schnittstellen faulen würden. Auch bei Rhabarber werden jeweils die äußeren Blätter sorgfältig am Ansatz herausgebrochen. Beim Federkohl nimmt man ebenfalls jeweils die unteren Blätter, sodass die ganze Pflanze noch möglichst lange gut weiterwächst und neue Blätter bilden kann.

Beim Strauchkohl hingegen ist es sinnvoller, nicht nur die unteren Blätter zu ernten, sondern auch ganze Triebe zur Hälfte einzukürzen. Dadurch verzweigen sie sich und bilden einen dichten Busch. Und natürlich sind die oberen, jungen Teile zarter und schmecken besser.

Die Erntezeit verlängern

Bei Kräutern ernte ich jeweils die obere Hälfte, sodass sie sich gut verzweigen. Insbesondere Basilikum lebt dadurch bedeutend länger. Auch Minze kann länger geerntet werden, wenn man jeweils die Triebspitzen mitpflückt. Bei der Petersilie hingegen schneide ich stets die ganzen Zweige weg. Auch Schnittlauch wird bodeneben geerntet, so wächst er wieder frisch nach.

Bei Bohnen ist es wichtig, stets die jungen Hülsen zu ernten. So blühen die Pflanzen lange weiter und bilden immer wieder neue Blüten und Früchte. Auch bei Zucchini sollten stets die jungen Früchte geerntet werden, damit neue nachwachsen können. Gleiches gilt für alle Blüten. Wenn sie weggeschnitten werden, bilden sich über Monate hinweg immer wieder neue. Sobald Bohnen einmal reife Kerne gebildet haben oder Blüten Samen ansetzen, hat die Pflanze das Gefühl, sie habe ihre Aufgabe erfüllt, nämlich sich zu vermehren. Dann wächst sie nicht mehr weiter, und es gibt auch nichts mehr zu ernten.

Erntefreuden im Hochsommer: diverse Tomatensorten und ein einzelnes Cornichon, ein Bund junger Zwiebeln, das filigrane Fenchelkraut und die im späteren Sommer heranreifenden Erdbeeren.

Wie sehe ich, was wann reif ist?

Diese Frage ist nicht generell zu beantworten. Im Allgemeinen heißt es: drücken, tasten, riechen, probieren. Bei den Früchten ist es normalerweise so, dass gut ausgereifte Früchte sich leicht von der Pflanze lösen lassen. Eine reife Himbeere fällt einem fast in die Hand. Auch eine reife Tomate löst sich leicht vom Stiel. Wenn man zu sehr rupfen und zupfen muss, ist es meist noch zu früh. Äpfel muss man mitunter einige Male um die eigene Achse drehen, bis sie sich vom Ast lösen. Ich bin mit meinen Apfelbäumen jeweils etwas ungeduldig, weil ich mich immer sehr darauf freue, in den ersten Apfel zu beißen. So probiere ich dann schon mal vorweg einen, auch wenn er noch sauer schmeckt.

Bei Birnen ist es schwierig, den richtigen Zeitpunkt zu erwischen. Zu früh, und sie bleiben hart, ein paar Tage zu spät, schon sind sie mehlig. Auch hier heißt es vorher probieren. Bei Weintrauben gilt es ebenso, immer mal wieder eine Beere zu testen. Wenn sie süß schmecken, sind sie reif. Ich empfehle übrigens bei Trauben und anderen Beeren kurz vor der Erntezeit Vogelschutznetze zu spannen. Die Vögel sind meist noch ungeduldiger als wir und haben mitunter alles leergefressen, bevor die Früchte überhaupt eine Chance haben, voll auszureifen.

Was morgens und was abends ernten?

Bei Salaten und anderen Blattgemüsen gibt es keinen eigentlichen Reifezeitpunkt. Man verwendet sie einfach dann, wenn sie einem groß genug scheinen oder wenn man sie braucht. Bei vielen Blattpflanzen muss man jedoch bedenken, dass sie in der Sommerhitze aufschießen können. Insbesondere Kopfsalat wird dann rasch bitter. Falls reichlich Salatpflanzen vorhanden sind, verwende ich schon mal vorneweg ein paar kleinere Exemplare, damit dann nicht plötzlich alle auf einmal geerntet werden müssen.

Salate und andere Blattgemüse welken rasch. Darum sollte man sie möglichst nicht in der Mittagshitze ernten, wenn sie sowieso etwas geschwächt sind. Frühmorgens geerntet, bleiben Salate im Sommer länger frisch. Ich lege sie dann in den Keller oder auf ein feuchtes Tuch in den Kühlschrank, bis sie am Abend zubereitet werden. Auch essbare Blüten halten sich mitunter länger, wenn sie früh am Morgen geerntet und auf einem feuchten Haushaltpapier im Kühlschrank aufbewahrt werden. Die meisten anderen Gemüse und Früchte ernte ich dagegen eher abends. Dann haben sie die ganze Energie der Sonne gespeichert. Aber auch diesbezüglich gibt es verschiedene Theorien und Auffassungen. Ich ernte meist dann, wenn ich gerade etwas brauche. Nur eines ist sicher: Kräuter, die man trocknen möchte, sollte man am Morgen schneiden. In der Mittagshitze verlieren sie viel von ihrem Aroma.

Falls man doch etwas aufbewahren muss

Tomaten können gut für einige Tage an einem luftigen, trockenen Ort aufbewahrt werden. Sie gehören nicht in den Kühlschrank – einfach auf einen Teller legen und in die Küche stellen.

Gemüse, das bereits geputzt und geschnitten ist, hält sich in einem Einmachglas mit Essigwasser im Kühlschrank bis zu fünf Tage. Wurzelgemüse und Knollen können einige Wochen in einem kühlen Keller oder im Kühlschrank gelagert werden. Salat wird am besten im Kühlschrank aufbewahrt. Süße Früchte hingegen sollte man nicht kühlen, weil sie dabei einen Teil ihres Aromas verlieren. Überzählige Früchte werden am besten zu Marmelade gekocht.

Überzählige Tomaten koche ich zu Sugo und bewahre diesen in Einmachgläsern auf. Tomaten kann man theoretisch auch einfrieren, aber meist ist ein fertig gekochter Sugo praktischer, und er schmeckt auch besser. Eine andere Möglichkeit Tomaten zu verarbeiten, ist hausgemachter Ketchup.

Ab ins Tiefkühlfach

Frisch geerntetes Gemüse einzufrieren ist sinnvoll, weil so praktisch alle Vitamine

Süßes Erbsenzählen: Ganz frisch geerntet schmecken die Zuckererbsen am besten.

erhalten bleiben. Insbesondere Stangen- und Buschbohnen, Puffbohnen und Erbsen eignen sich ideal zum Einfrieren. Sie alle werden vor dem Einfrieren kurz blanchiert und kalt abgeschreckt. So behalten sie ihre frische grüne Farbe.

Kräuter wie Schnittlauch, Petersilie, Basilikum und Koriander können ebenfalls gut eingefroren werden. Auch Beeren eignen sich hierfür, ebenso wie Aprikosen und andere Früchte. Beim Auftauen zerfallen sie aber und sind nicht mehr so schön, weshalb ich sie dann zu Kompott verarbeite. Himbeeren friere ich einzeln auf einem Blech ein. Mit etwas Geschick behalten sie dann auch nach dem Auftauen ihre Form und können zum Dekorieren verwendet werden.

Klassische Lagergemüse

Manche Gemüse eignen sich hervorragend, um im Keller eingelagert zu werden. Die klassischen Lagergemüse wie Kartoffeln, Zwiebeln, Karotten und andere Wurzelgemüse halten sich bis weit in den Winter hinein. Das gilt auch für Weiß- und Rotkohl. Da es Kartoffeln, Zwiebeln und die traditionellen Kopfkohlarten auf dem Markt günstig und in guter Qualität zu kaufen gibt, erspare ich mir aber die Mühe, sie in größerer Menge selbst anzubauen; ich hätte auch nicht genügend Platz dafür. Die Bauern verfügen zudem meist über bessere Lagermöglichkeiten. In modernen Stadtkellern ist es oft schlicht zu warm und auch zu trocken, sodass sich die eigene Ernte gar nicht lange halten würde.

So gibt es bei mir direkt aus dem Garten jeweils nur junge Kartoffeln und frische, grüne Zwiebelchen. Und statt Kopfkohl pflanze ich lieber Blattkohlarten, die den ganzen Winter über frisch geerntet werden können.

Lagern und Nachreifen

Manche Gemüse müssen überhaupt erst gelagert werden, damit sie nachreifen können. Insbesondere Kürbisse schmecken besser, wenn sie noch einige Wochen in der Wohnung aufbewahrt wurden. Auch Süßkartoffeln sollte man idealerweise noch eine Weile nachreifen lassen. Tomaten, die noch grün sind, wenn bereits die ersten kalten Nächte kommen, werden in diesem Zustand gepflückt. Ich stecke sie dann zusammen mit einem reifen Apfel in eine Papiertüte. Diese lege ich in ein geheiztes Zimmer, so reifen sie oftmals noch nach. Auch Kiwis werden im Keller gelagert, wo sie langsam nachreifen können, bis sie dann gegen Weihnachten genussreif sind.

KÜCHENEINRICHTUNG GANZ EINFACH

Alle Rezepte in diesem Buch haben wir in der einfachen, von meinem Atelierkollegen und Designer Christian Spiess selbst gebauten Küche gekocht und fotografiert. Der einzige Luxus, den es in dieser Küche gibt, ist eine Induktionskochplatte, und einen Kühlschrank gibt es natürlich auch. Ansonsten gilt: alles auf das Minimum reduziert. Alle paar Wochen räumen wir die Küche um und auf. Bei dieser Gelegenheit kommt alles weg, was wir nicht brauchen und was sich im Laufe der Zeit angesammelt hat. Je weniger unnütze Dinge herumstehen, desto besser.

Eine einfache Küche bauen

Das Herzstück unserer Küche bilden drei große unbehandelte Tannenholzbretter vom Baumarkt. Darauf steht ein ausrangierter gebrauchter Ausguss aus Steingut. Darunter sind nochmals drei Bretter, auf denen Töpfe, Teller und einige Körbe mit Vorräten aufbewahrt werden. Darüber an der Wand befinden sich drei schmale Brettchen mit diversen Gewürzgläsern, Teedosen, Kaffee, Tassen und Gläsern.

Daneben steht ein fahrbares Gestell mit Seitenwänden aus grobem Gitter, an dem an Fleischerhaken Schöpflöffel, größere Tassen, Bratpfannen und andere Utensilien hängen. Auf dem Gestell stapeln sich einige Blech-

Ein einfaches Industriegitter (oben links) dient zum Aufhängen der wenigen benötigten Utensilien, ein simples Brettergestell an der Wand als Ablage (oben rechts).

kisten, in denen wir Weingläser und zusätzliche Teller für größere Runden aufbewahren. Dazu Küchentücher, Müllsäcke, Putzlappen und sonstiger gelegentlich benötigter Kram.

Die Miniaturküche

Neben der beschriebenen Kücheneinrichtung gibt es noch eine fahrbare Arbeitsfläche, die so genial konzipiert ist, dass ich sie kurz vorstellen möchte. Das Küchenmöbel »Kitchenbench« war die Diplomarbeit von Christian Spiess an der Designerschule Ecal in Lausanne. Sie besteht aus fünf verschiedenen Schneidebrettern, die als wechselnde Arbeitsfläche eingesetzt werden können. Darunter befinden sich fünf Chromstahlschalen, die man ebenfalls nach Bedarf einschieben kann. An der Rückwand befindet sich ein Magnet zum Befestigen der Messer. Seitlich der Arbeitsfläche sind zwei der Schalen für die Mise en place oder für Küchenabfälle. Dieses äußerst kompakte Küchenmöbel steht auf Rädern und lässt sich nach Bedarf verschieben.

Unsere Küchenutensilien

Der Genauigkeit halber sei hier noch aufgelistet, was wir alles in der Küche haben und tatsächlich brauchen: eine große und eine kleine Bratpfanne, eine große und eine kleine Schmorpfanne, ein Dampfkochtopf und ein elektrischer Reiskocher. Dazu kommen noch einige Schüsseln in verschiedenen Größen, ein Küchensieb und ein Schneidebrett. Außerdem gibt es zwei kleine Blumentöpfe aus Ton, im einen tropft das nasse Besteck ab, im anderen wird das saubere, trockene Besteck aufbewahrt. Daneben steht ein Metallbecher mit Holzlöffeln. In einer Rolle aus kleinen Holzspießen stecken die Küchenmesser für den täglichen Bedarf; darin bleiben sie scharf und sauber. Die großen Messer hingegen haften an der Magnetrückwand der mobilen »Kitchenbench«.

Außerdem stehen da noch ein paar Flaschen mit verschiedenen Pflanzenölen und Essigen. Dazu diverse Gewürze, eine Pfeffermühle, eine Glasdose mit Kaffee sowie ein paar Schachteln mit Teebeuteln, ein Vorratsglas mit Zucker sowie ein Zuckerstreuer. In den Einkaufskörben unten auf dem Gestell bewahren wir Mehl und Teigwaren und sonstige Vorräte auf. Viel ist es nicht.

Nichts geht ohne gute Messer

Auch für die einfachste Küche unverzichtbar sind gute, scharfe Messer. Besonders zum Zerkleinern von größerem Gemüse, Roten Beten, Pastinaken und natürlich von Kürbissen braucht man unbedingt große, scharfe Messer. Auch um Kräuter fein zu hacken, geht nichts über ein ordentlich geschliffenes Messer. Mit stumpfen Klingen gibt es am Ende nur einen unansehnlichen Brei. Und die Hälfte der Vitamine klebt am Brett.

Messer sollte man nicht einfach in eine Schublade werfen. Wir befestigen sie so am Magnet des kleinen Küchenmöbels, dass die Klingen einander nicht berühren. Auf diese Weise bleiben sie länger scharf. Auch beim Abwaschen sollten die Messer nicht einfach ins Spülbecken geworfen werden; Messer wasche ich immer separat ab, und zwar ganz sorgfältig. Auch wenn es sich nicht um teure Spezialmesser handelt, scharfe Messer sind ein wertvolles Werkzeug, dem aller Respekt gebührt.

WAS DARF UND KANN MAN EIGENTLICH ESSEN?

Unser Vertrauen in die eigene Nahrung ist erschüttert. Wir haben das Vertrauen in die Welt, in unsere Umgebung und oft auch das Vertrauen in uns selbst verloren. Wir trauen nicht einmal mehr unserem eigenen Instinkt. Aus lauter Bequemlichkeit und weil uns die globalisierten Industriemultis bald jedes Nahrungsmittel fixfertig zubereitet und in Plastik eingeschweißt aufdrängen, wissen viele von uns gar nicht mehr, wie ein Salatkopf aus dem Garten aussieht, geschweige denn, wie eine frisch aus der Erde gezogene

Wurzel oder eine frisch ausgegrabene Knolle riecht. Oft werde ich auch gefragt, woher ich wisse, ob man dieses und jenes überhaupt essen könne. Früher wusste man das einfach. Die Tiere wissen es übrigens auch. Oder hat man schon mal ein Pferd in einem Gesundheitsratgeber nachschlagen sehen, welche Kräuter genießbar sind? Eine Maus, ob sie eine am Boden liegende Nuss essen kann?

Was Großmutter noch wusste

Heute glauben viele Menschen, man könne nur essen, was sauber in Kunststoff eingeschweißt oder sonstwie aufwendig verpackt im Supermarktregal liegt, und dass nur solche Lebensmittel essbar sind, die unter Beachtung hunderter Sicherheitsvorschriften sterilisiert, pulverisiert, gefriergetrocknet und dann künstlich wieder aufbereitet wurden. Solchen Produkten traut man dann, ja gibt sie sogar den eigenen Kindern zu essen. Bei einer frisch gepflückten Beere oder einem fleckigen Apfel dagegen rümpfen wir die Nase. In der Natur soll es überhaupt vor Gefahren wimmeln. Was, wenn ein Fuchs auf die Erdbeere gepinkelt hat? Was, wenn ein Wurm im Apfel lauert, wenn noch Erde an der Kartoffel oder Hühnermist am Ei klebt? Das alltägliche Leben ist gefährlich und unhygienisch. Doch was ist mit den Gefahren, denen uns die allgegenwärtige Petrochemie und die Nahrungsmittelindustrie aussetzen? Diese können oder wollen wir nicht wahrnehmen, denn sie sind so abstrakt, dass wir uns dadurch nicht direkt bedroht fühlen. Lieber fürchten wir uns vor einer selbst gepflückten Beere.

Das war nicht immer so. Denken wir ein, zwei Generationen zurück: Unsere Großmütter haben sich nicht gefragt, was man essen kann, sie wussten es. Jede Bäuerin weiß es. All jene, die aus armen Ländern zu uns kommen, wissen es. Und wir können uns dieses Wissen ebenso wieder aneignen. Ergreifen wir die Chance, für uns und für die Zukunft unserer Kinder dieses Wissen nicht untergehen zu lassen!

OHNE PFLANZEN KEIN LEBEN

Neben Wasser und Luft zum Atmen braucht der Mensch Nahrung. Und die entsteht nicht von ungefähr. Alles pflanzliche und tierische Leben auf unserem Planeten basiert auf dem Prozess der Photosynthese. Dabei wandelt die Pflanze mit Hilfe der Energie des Sonnenlichts und des grünen Blattfarbstoffs Chlorophyll in der Luft vorhandenes Kohlenstoffdioxid (CO_2) und über die Wurzeln aufgenommenes Wasser in energiereiche, organische Kohlenhydrate um. Diese bilden die Basis der Ernährung von Mensch und Tier. Ohne Pflanzen gäbe es kein Leben in der uns bekannten Form auf der Erde. Die durch die Photosynthese gebildeten Nährstoffe speichern die Pflanzen in den Wurzeln und Knollen, in den Stängeln, Blättern, Früchten und Samen. Aber auch andere Stoffwechselprodukte der Pflanzen sind von großer Bedeutung für uns Menschen: die sogenannten sekundären Pflanzenstoffe wie Carotinoide, Glykoside, Saponine oder Flavonoide. Und nicht zu vergessen die Vitamine oder deren Vorstufen, die für eine gesunde Ernährung unverzichtbar sind.

Die Physik des Kochens

Den größten Teil der menschlichen Ernährung machen normalerweise die Kohlenhydrate aus, insbesondere Stärke und verschiedene Zucker. Stärke dient den Pflanzen als Reservestoff in den Zellen, wir nutzen ihre Eigenschaften in vielfältiger Weise. Stärke ist in kaltem Wasser unlöslich, in heißem Wasser jedoch quillt sie auf und bindet dabei ein Vielfaches ihres Volumens an Wasser. Dabei werden die Hüllen der einzelnen Stärkekörner gesprengt und die Stärke verkleistert. Das geschieht auch beim Backen von Brot. Erst durch diesen Prozess wird die Stärke für unseren Magen überhaupt verdaulich, weswegen wir zum Beispiel Kartoffeln kochen müssen. Einfacher Zucker hingegen ist auch in roher Form genießbar.

Tipp: Vitamine und Fett

Viele Vitamine und Spurenelemente kann unser Körper erst aufnehmen und verwerten, wenn sie mit Fett kombiniert gegessen werden. Darum sind Salate immer mit gutem Pflanzenöl anzumachen. Auch zu rohem Gemüse gereichte Dips haben diese Funktion. Aus Diätgründen ganz auf Fett zu verzichten, würde längerfristig zu einem Vitaminmangel führen. Auch künstliche Vitamine aus Tabletten werden ohne Fette vom Körper nicht aufgenommen.

Wenn wir ein Stück Fleisch, eine Zwiebel oder eine Fenchelknolle in Fett braten, backen oder rösten, steigt uns gleich ihr angenehmer Duft in die Nase. Der Grund ist, dass beim Erhitzen die Zellen zum Platzen gebracht und so die Aromastoffe freigesetzt werden. Viele Nahrungsmittel sind in dieser Form zubereitet leichter zu verdauen und bekömmlicher.

Auch Eiweiß verändert sich durch das Erhitzen. Es gerinnt und hat dabei die Fähigkeit, Flüssigkeiten zu binden. Darum sind Eier zum Backen, aber auch zum Herstellen von Saucen und Cremes wichtig. Flüssigkeiten können außer mit Stärkeprodukten oder Eiweiß auch durch andere Stoffe eingedickt werden. Insbesondere das pflanzliche Geliermittel Agar-Agar ist hier von Bedeutung. Dieses wird aus geschmacksneutralen Algen gewonnen.

Kaltes und heißes Wasser

»Kalt aufsetzen, was wir auslaugen wollen, siedend aufsetzen, was wir einschließen wollen«, so lautet die alte Regel aus dem Haushaltsbuch meiner Großtante. Dies betrifft das Herstellen einer Bouillon oder das Kochen von Siedefleisch, aber auch bei der Zubereitung von Gemüse ist es nicht unwichtig, dieses Prinzip zu verstehen. Besonders bittere oder stark säurehaltige Pflanzenteile müssen zunächst in kaltem Wasser eingeweicht werden, damit sie milder werden. Eines der bekanntesten Beispiele für dieses Verfahren sind Oliven. Sie müssen so lange gewässert werden, bis sie genießbar sind.

Heiß aufsetzen, einige Minuten blanchieren und dann kalt abschrecken gilt hingegen für die meisten grünen Gemüse wie Erbsen, Bohnen und die Blattgemüse. Dabei bleibt die grüne Farbe erhalten, und vor allem werden möglichst viele Vitamine und Nährstoffe eingeschlossen. Würden wir diese Gemüse in kaltes Wasser geben, erhitzen und dann auch noch kochen lassen, verlören sie den größten Teil ihrer wertvollen Inhaltsstoffe und auch den Geschmack. Früher wurde Gemüse oft so lange weich gekocht, bis es kaum mehr nach etwas schmeckte. Heute gehen wir mit Aroma- und Nährstoffen sorgfältiger um, nicht zuletzt, weil wir mehr über die chemischen und physikalischen Prozesse während des Kochens wissen und über modernste Kochgeräte und Garmethoden verfügen.

PFLANZEN IN UNSERER ERNÄHRUNG

Egal ob ober- oder unterirdisch, egal ob Blüte, Frucht oder Samen, alle Entwicklungsstadien von Pflanzen spielen in unserer Ernährung eine Rolle, und allen kommt eine gewisse Bedeutung zu. Den höchsten Nährstoffgehalt weisen Wurzeln, Knollen und Samen auf. Wurzeln und Knollen sind besonders reich an Kohlenhydraten und Stärke und werden deshalb überall auf der Welt als Grundnahrungsmittel geschätzt. Samen und Nüsse enthalten wertvolle Fette. Getreide, bei dem es sich botanisch betrachtet auch um Samen handelt, ist ebenfalls reich an Stärke und wird deswegen weltweit als Grundnahrungsmittel angebaut und in Form von Brot, sonstigem Gebäck, Reis und Teigwaren konsumiert.

Blattgemüse haben einen vergleichsweise geringen Nähr- und Brennwert. Dafür enthalten sie Vitamine und Spurenelemente, insbesondere Eisen, Phosphor und Magnesium, die für unsere Gesundheit unverzichtbar sind. Fruchtgemüse und Obst sind reich an Zucker und Vitaminen. Für eine gesunde Ernährung brauchen wir alle diese Stoffe, deshalb sollten wir unsere Mahlzeiten möglichst abwechslungsreich gestalten. Auch die Blüten mancher Pflanzen sind Bestandteil unserer

An dem selbst gebauten Schneidemöbel hängen die Messer an einem Magnet. Dank der stets scharfen Messer lassen sich Kräuter besonders schonend schneiden und verlieren dabei nur wenig Saft.

Ernährung, und nicht nur zum Dekorieren von Speisen gut. Eindrucksvolle Beispiele für gesunde Blütengemüse sind Blumenkohl, Brokkoli und Artischocken.

Knollen, Zwiebeln, Wurzeln

Wurzeln, Knollen, Rhizome und Zwiebeln sind die Speicherorgane der Pflanzen. Hier werden Nährstoffe eingelagert, die nötig sind, um nach einer Ruhephase das erneute Wachstum der Pflanze zu ermöglichen. Aber auch für den Menschen sind diese Pflanzenteile besonders nahrhaft. Insbesondere stärkehaltige Knollen wie Kartoffeln, Süßkartoffeln, Taro oder Maniok sind überlebenswichtige Grundnahrungsmittel. Wurzelknollen wie Dahlien und Topinambur enthalten dagegen wenig bis gar keine Stärke und eignen sich hervorragend als leichte Kost. Ebenfalls einen geringen Nährstoffgehalt weisen Wurzelgemüse wie Karotten, Pastinaken, Radieschen, Sellerie oder Rote Bete auf.

Der unterirdische Wurzelstock von Ingwer wird aufgrund seines scharfen Geschmacks als Gewürz und zur Linderung von Verdauungsbeschwerden verwendet. Das Rhizom der Gelbwurz (Kurkuma) gilt sogar als eines der gesündesten Lebensmittel der Welt.

Die in Zwiebeln und Knoblauch enthaltenen ätherischen Öle gelten ebenfalls als gesundheitsfördernd. Vor allem aber verleihen sie fast allen Speisen ein angenehmes, volles Aroma. Etwas milder als Zwiebeln schmecken Schalotten, die deshalb in unseren Rezepten oft verwendet werden.

Sprossen, Blätter, Stiele

Wichtige essbare Pflanzenteile sind auch Blätter, Stiele und Stängel sowie die Sprossen vieler Pflanzen. Die Sprossen von Spargel, Bambus und Funkien gelten sogar als Delikatesse. Essbar sind aber nur die jungen Triebe, sobald sie größer werden, schmecken sie hölzern und zäh.

Als Blattgemüse besonders verbreitet sind Salate, von denen es Hunderte Sorten gibt, aber auch die Blattgemüse aus der großen Familie der Kohlgewächse sind eine Bereicherung der Küche, so zum Beispiel Palmkohl, Grünkohl, Weißkohl oder Wirsing. Auch die Blätter der Randengewächse haben einen festen Platz in der Küche, hier ist an erster Stelle der Mangold zu nennen.

Die aromatischen Blätter von Fenchel, Basilikum, Koriander, Petersilie und Minze dienen dem Verfeinern des Geschmacks von Speisen, manche Kräuter wie beispielsweise Petersilie und Basilikum enthalten aber auch viele Vitamine und Mineralstoffe.

Besonders grünes Blattgemüse ist unverzichtbar für eine gesunde und ausgewogene Ernährung. Es enthält Bitterstoffe, Eisen, liefert Chlorophyll und eine Vielzahl von bioaktiven Stoffen, die vielerlei Krankheiten vorbeugen helfen. Als Beispiele seien nur Brennnesseln, Spinat oder Mangold genannt.

Fruchtgemüse, Früchte, Beeren

Nach der Befruchtung entwickeln sich aus den Blüten Früchte. Diese umschließen und schützen die Samen bis zu ihrer Reife. Aber sie dienen auch einem ganz anderen Zweck, und auch wir sind Teil eines raffinierten Plans. Dadurch, dass wir von den Früchten essen, tragen wir zur Verbreitung der Samen bei. Und die Pflanzen lassen sich einiges einfallen, ihre Früchte für Mensch und Tier so attraktiv wie möglich zu machen. Bestes Beispiel sind Äpfel, Birnen, Kirschen, Himbeeren und Erdbeeren. Aber auch Tomaten, Auberginen, Paprikaschoten, Gurken, Melonen und Kürbis sind Früchte; deshalb bezeichnen wir sie als Fruchtgemüse. Natürlich gibt es etliche botanische Spitzfindigkeiten, die für den Genuss aber völlig belanglos sind. Mich interessiert nicht, ob Erdbeeren Sammelsteinfrüchte sind oder ob ich eine Hülse, Kapsel oder Schote auf meinem Teller habe. Mich interessiert letztlich vor allem, ob sie frisch und schmackhaft sind.

Samen und Nüsse

Samen dienen der Pflanze zur Verbreitung ihrer Art. Ein Same besteht aus einer Samenschale und dem darin liegenden Embryo samt Nährgewebe. In diesem sind alle Stoffe gespeichert, die der Embryo zum Keimen und Wachsen benötigt und die auch für unsere Ernährung wichtig sind. Die Samen der Getreide wie Weizen, Reis, Mais, Roggen oder Hafer, auch als Korn bezeichnet, zählen weltweit zu den wichtigsten Grundnahrungsmitteln. Auch die für unsere Ernährung so wichtigen Bohnen und Erbsen sind eigentlich Samen. Andere Samen werden in der Küche vor allem als Gewürz verwendet, beispielsweise Koriander, Pfeffer, Anis, Fenchel oder Kümmel.

Nüsse sind botanisch gesehen Früchte mit einer verholzten Fruchtwand, die den Samen umschließen. Um an den Samen zu kommen, müssen wir also zunächst die Fruchtwand knacken. Auch hier unterscheiden Botaniker viele Sonderformen, die aber nur von akademischem Interesse sind. Allen Nüssen ist gemeinsam, dass die Samen einen hohen Fettgehalt aufweisen, dazu hochwertiges Eiweiß, Ballaststoffe, Vitamine, Mineralstoffe und Spurenelemente enthalten. Insgesamt ist eine Nuss ein echtes Power-Paket, es lohnt sich, immer ein paar davon zur Hand zu haben.

GIFTIG ODER GENIESSBAR?

Einige Einschränkungen gibt es, die das Gartenglück etwas trüben. Denn nicht alles, was im Garten wächst, ist automatisch genießbar. Das Laub von Tomaten, Kartoffeln und anderen Nachtschattengewächsen ist zum Beispiel giftig. Als Kolumbus die Tomate nach Europa brachte, glaubten die Menschen lange Zeit, dass auch die Früchte giftig seien. Selbst den Kartoffeln sind sie anfangs mit größtem Misstrauen begegnet, besonders nachdem zahlreiche Menschen erkrankten und sogar starben, weil sie die giftigen Früchte für den essbaren Teil der Pflanze hielten. Und selbst die unterirdischen Knollen sind nur gekocht genießbar. In Deutschland bedurfte es des berühmten Kartoffelbefehls König Friederichs des Großen, um die Bauern zu bewegen, die damals exotische Knolle anzubauen. Auch Pastoren riefen in ihren Predigten zum Anbau von Kartoffeln auf, um die Bevölkerung von der Nützlichkeit der Knollen zu überzeugen.

Doch woher weiß man, was unbedenklich gegessen werden kann und was giftig ist? Erst einmal muss gesagt werden, dass die meisten Pflanzen nicht tatsächlich giftig, sondern schlimmstenfalls ungenießbar sind. Etwas probieren schadet also meistens nicht. Wer einmal zu viel Topinambur aufs Mal isst, wird Blähungen bekommen und es dann wissen. Bei vielen Kräutern und Gemüsen kommt es ebenfalls auf die Menge an – wenig ist in Ordnung, zu viel kann aber auch bei ansonsten als gesund geltenden Nahrungsmitteln auf die Dauer schädlich sein. Wer jeden Tag Rhabarber äße, bekäme mit der Zeit wohl Gelenkprobleme, ebenso beim Knöterich oder bei Oca und Sauerklee, da diese Gewächse recht viel Oxalsäure enthalten. Darum gebietet uns der Volksmund auch, Rhabarber nur bis zur Mittsommerwende zu ernten, da der Oxalsäuregehalt im Laufe des Sommers immer weiter ansteigt. Genauso verhält es sich auch mit den Reben. Ein wenig Wein ist gesund, allzu viel natürlich nicht. Es ist nur eine Frage des Maßes.

Was man nicht probieren sollte

Bei den allermeisten Pflanzen kann man sich tatsächlich auf den eigenen Geschmack verlassen. Ein klein wenig davon kosten, und falls es eklig schmeckt, gleich wieder ausspucken. Wenn es nicht schmeckt, ist es mit hoher Wahrscheinlichkeit auch nicht genießbar. Falls etwas angenehm und gut schmeckt, ist es vermutlich auch bekömmlich. Von unbekannten Früchten, Blättern oder Samen nie große Mengen auf einmal essen! Außerdem sollte ein gutes Lexikon über Wildkräuter und essbare Pflanzen in keinem Haushalt fehlen.

Natürlich gibt es auch Pflanzen, die so giftig sind, dass man sie keinesfalls probieren darf. Insbesondere das Maiglöckchen, dessen Blätter sehr ähnlich aussehen wie Bärlauch, ist hochgiftig. Bei den Eiben, die ebenfalls als hochgiftig gelten, enthalten das Laub und die Kerne das giftige Taxin. Das Fruchtfleisch der Beeren ist aber essbar. Doch wehe, wenn nicht alle Kerne sorgfältig entfernt werden! Ein einziger Kern kann bereits genügen, um einen erwachsenen Menschen zu töten. Von solchen kulinarischen Experimenten lässt man also besser die Finger.

Andere weit verbreitete und hochgiftige Pflanzen sind Fingerhut, Goldregen, Eisenhut, Liguster, Buchsbaum, Schierling, Tollkirsche und Schöllkraut. Hier gilt: Wenn man nicht hundert Prozent sicher ist, unbedingt in einem Fachbuch nachschlagen oder einen Pflanzenkenner fragen. Und falls man dann immer noch nicht sicher ist, die Finger davon lassen. Man sollte grundsätzlich nur Pflanzen essen, die man genau kennt. Das gilt auch für das Sammeln von Pilzen.

Rohkost ist nicht immer gut

Die meisten Gemüse eignen sich als Rohkost. Manche schmecken aber gekocht besser, und viele sind auch bekömmlicher und leichter zu verdauen, wenn sie blanchiert und/oder einige Minuten knackig gekocht oder kurz gebraten werden.

Manches ist in roher Form sogar giftig, gekocht dagegen genießbar. Das bekannteste Beispiel sind grüne Bohnen. Roh gegessen sind sie sehr giftig und besonders für kleine Kinder gefährlich. Der Grund ist das in den Samen und Hülsen enthaltene Phasin, ein Protein, das beim Kochen zerstört wird, nicht aber beim Trocknen. Auch die Bohnenblätter sollten nicht roh zubereitet, sondern immer abgekocht werden.

Kartoffeln können ebenfalls giftig sein. Rohe Kartoffeln enthalten Solanin, ein natürliches Gift, das die Pflanze vor gefräßigen Schädlingen schützt. Es sammelt sich vor allem in den Keimen und grünen Augen sowie an grünen Stellen unter der Schale. Alle Keime und grüne Stellen also immer gründlich wegschneiden. Beim Kochen verschwindet das restliche Solanin und die Kartoffeln sind dann genießbar. Beim Kochen geht ein Teil des Solanins in das Kochwasser über, vor allem bei in der Schale gekochten Kartoffeln. Das Kochwasser also immer wegschütten!

Tomaten enthalten im grünen, also unreifen Zustand ebenfalls das giftige Solanin. Mit der Reife verschwindet dieses jedoch vollkommen. Weitere Beispiele für in unreifem Zustand giftige Gemüse sind Auberginen und Kürbisse. Letztere verraten sich durch einen bitteren Geschmack. Auch Zucchini, die bitter schmecken, sollten auf keinen Fall verzehrt werden. Im schlimmsten Fall kann es zu einer tödlich verlaufenden Vergiftung kommen. Doch keine Sorge: Normalerweise wurde das Gift aus Kürbissen und Zucchini herausgezüchtet. Es kann jedoch passieren, dass sich Speisekürbisse und Zierkürbisse im Garten kreuzen, wenn sie nebeneinander kultiviert werden. Um ganz sicherzugehen rate ich, immer wieder neues Saatgut zu kaufen und kein eigenes zu verwenden.

Sämtliche Rezepte sind, sofern nicht anders vermerkt, für 2 Personen berechnet.

MEINE PFLANZEN UND MEINE REZEPTE

BLUTAMPFER
UND GÄNSEBLÜMCHEN

AMPFER
VERKANNTE DELIKATESSE

In Frankreich gelten die dankbaren Frühlingskräuter als Delikatesse. Im Handel werden dort diverse Ampfersorten *(Rumex)* angeboten, und in französischen Saatgutkatalogen findet man die entsprechenden Samen, um sie auch bei uns zu kultivieren. Außerdem führen gute Kräutergärtnereien natürlich verschiedene Ampfersorten im Sortiment. Der klassische Gartenampfer *(Rumex acetosa)* mit seinen grünen Blättern und dem zarten, säuerlichen Geschmack sollte eigentlich in keinem Küchengarten fehlen. Zu den delikatesten französischen Sorten gehören 'Blonde de Lyon' und 'Large de Belleville', letztere besticht besonders mit ihren zarten, breiten Blättern. Die neuere Züchtung 'Profusion' bildet keine Blüten, dafür aber umso mehr Blätter, sie ist die wohl ergiebigste Sorte für die Küche.

Der Blutampfer *(Rumex sanguineus)* mit seinen rot geäderten Blättern mag Staunässe und gedeiht auch in einem Kübel ohne Abzugslöcher.

Besonders interessant für Liebhaber der feinen Küche ist der Blutampfer *(Rumex sanguineus)* mit seinen rotgeäderten Blättern. Er sieht sowohl im Beet wie auf dem Teller äußerst dekorativ aus. Im Geschmack ist er etwas milder als der grüne Sauerampfer. Den bei uns heimischen wilden Blutampfer findet man in Auen und feuchten Laubwäldern, im Ufergehölz, an feuchten Waldsäumen und nassen Wegrändern. Insbesondere schätzt er Staunässe. In einem Kübel ohne Abzugslöcher kann man diese Bedingungen ideal nachahmen. So eignet sich der Blutampfer auch für einen eher schattigen Balkon. An einem guten Standort können die mehrjährigen Stauden eine stattliche Größe erreichen.

Tipp: Nicht blühen lassen

Die Blütenstände der verschiedenen Ampferarten und -sorten immer gleich entfernen. So bilden sich stets neue Blätter. Wichtig zu wissen: Nach der Blüte werden die Blätter zäh und schmecken nicht mehr.

Ernten und verwenden

Einzelne Ampferblätter kann man nach Bedarf schneiden. Ich verwende sie zum Verfeinern von Salaten und Gemüsegerichten, für Omeletts, Saucen und Frühlingssuppen, gerne mische ich sie auch in Risotto. Ampfer lässt sich zudem wie Spinat zubereiten, darf aber nur ganz kurz gedämpft werden, da er sonst zu viele Vitamine verliert.

Neben Vitaminen ist Ampfer reich an Mineralstoffen, insbesondere Kalium und Phosphor. Da er aber auch recht viel Oxalsäure enthält, sollte er nicht in zu großer Menge konsumiert werden. Ampfer wird hauptsächlich im Frühling und Herbst geerntet. In der Sommerhitze werden die Blätter ziemlich zäh und sehr sauer, da der Gehalt an Oxalsäure steigt. Sie schmecken dann auch nicht mehr so gut.

GÄNSEBLÜMCHEN
VON WEGEN ALLERWELTSBLUME

Sie liebt mich, sie liebt mich nicht ... Die kleinen Gänseblümchen *(Bellis perennis)*, die im Rasen so fröhlich vor sich hin blühen, taugen nicht nur als Liebesorakel. Tatsächlich sind sie auch genießbar und regen den Stoffwechsel an. So war es ursprünglich wohl ihre aktivierende Wirkung, die ihnen den Ruf eines Aphrodisiakums eingebracht hat. Am besten isst man sie roh über den Salat gestreut. Und übrigens: Auch eine Handvoll Gänseblümchenblätter schmecken gut in einem Frühlingssalat.

Gänseblümchen findet man praktisch in jedem Garten, nur selten ist es nötig, sie extra anzusiedeln. Man kann sie natürlich auch aussäen. Die »Margritli«, wie sie in der Schweiz heißen, sind zweijährige Pflanzen. Das bedeutet, sie werden im ersten Sommer gesät und bilden dann Blattrosetten. Erst im darauffolgenden Frühling blühen sie. Man kann auch jemanden, der viele Gänseblümchen im Rasen hat, fragen, ob man einige ausstechen darf. Sie lassen sich problemlos verpflanzen.

Von den Gänseblümchen gibt es auch Kulturformen, die beliebt sind für Frühlingsarrangements. Zusammen mit kleinen Narzissen oder Tulpen sehen sie ausgesprochen hübsch aus. Auch die Kulturformen sind essbar, vorausgesetzt, sie wurden nicht mit Gift behandelt. Man findet sie im Gartenfachhandel unter dem Namen Bellis in Weiß und in verschiedenen Rosatönen.

Ernten und verwenden

Falls man sie nicht auf dem eigenen Rasen einsammelt, gilt es beim Ernten von Gänseblümchen zwei Dinge zu beachten. Auf öffentlichen Rasenflächen besteht die Gefahr, dass Hunde daraufgepinkelt haben. Und außerdem gilt es sicherzustellen, dass sie nicht mit Gift behandelt wurden. Wurde ein Herbizid ausgebracht, sieht man das nicht sofort, die Pflanzen verdorren erst etwa zwei Wochen später. Auch herkömmliche synthetische Rasendünger, die häufig auf öffentlichen Grünflächen ausgebracht werden, sind alles andere als bekömmlich. Also nur dort ernten, wo biologisch gegärtnert wird.

Gänseblümchen schmecken angenehm erfrischend. Auch die Blätter eignen sich im Frühling gut als Salatbeigabe. Geschlossene Gänseblümchenknospen ergeben einen besonderen Effekt: Wenn man sie beim Servieren auf eine heiße Suppe streut, gehen sie vor den Augen der Gäste auf. Die zarten Frühlingsblümchen lassen sich aber auch für Desserts verzuckern. Ich tunke sie erst in Eiweiß und dann in Kristallzucker. So werden sie nicht so schnell braun und halten sich außerdem einige Tage lang.

Die besten Gratis-Blumen: Gänseblümchen machen fit und munter. Sie schmecken erfrischend und enthalten viel Vitamin C.

BLUTAMPFERSÜPPCHEN MIT GÄNSEBLÜMCHEN

Was ich brauche

1 kleine Zwiebel
1 Knoblauchzehe
3 Stangen Stangensellerie
1 Stange Lauch
Butter
200 ml Weißwein
300 ml Gemüsebouillon
Rahm oder Sauerrahm nach Belieben
1 Handvoll Blutampferblätter
geschlossene Gänseblümchenblüten

Und so mache ich es

Zwiebel, Knoblauch, Stangensellerie und Lauch klein schneiden, in Butter andünsten, nach einigen Minuten mit dem Weißwein ablöschen.

Mit der Gemüsebouillon auffüllen und etwa 15 Minuten köcheln, bis das Gemüse weich ist. Mit dem Pürierstab pürieren.

Nach Belieben etwas Rahm oder Sauerrahm zugeben.

Den Blutampfer fein schneiden und im letzten Moment untermischen.

Beim Anrichten die Blüten über die heiße Suppe streuen und zuschauen, wie sie aufgehen.

PALMKOHL
UND RADIESCHEN

PALMKOHL
SCHWARZBLAUER HÜNE

Der Palmkohl 'Cavolo Nero' aus der Toskana schmeckt milder als die meisten Grünkohlarten und ist auch bekömmlicher. In der Toskana bereitet man aus ihm winterliche Gemüseeintöpfe zu, und gut schmecken die langen, gewellten Blätter fein geschnitten auch in der Minestrone. Obwohl er aus dem Mittelmeerraum stammt, ist der Palmkohl erstaunlich winterhart. Schön sieht es aus, wenn die blaugrauen, palmenartigen Gebilde groß und stolz im Schnee stehen. Es macht ihnen gar nichts aus, und der Palmkohl ist auch eines der wenigen Gemüse, das den ganzen Winter über geerntet werden kann.

Im Frühling überrascht der Palmkohl mit großen gelben Blütenständen. Ich unterpflanze ihn gerne mit allerlei bunten Tulpen, was zusammen ein spektakuläres Frühlingsfeuerwerk ergibt.

Der attraktive Palmkohl mit seinen langen gewellten Blättern und den gelben Blütenständen macht sich nicht nur im Kübel oder Beet gut, sondern auch im Kochtopf.

Palmkohl ist wie Grünkohl sehr einfach zu kultivieren. Was er jedoch braucht, ist guter, humoser Boden, in den gern im Winter zuvor etwas Mist eingearbeitet wurde. Während der Wachstumsperiode nach dem Jäten noch einen Eimer Kompost auszubringen ist ebenfalls gut, das stärkt die Wurzeln und gibt ihm frische Wuchskraft. Um richtig schöne große Kohlpalmen zu bekommen, hilft es auch, im Sommer mit einer Handvoll Hornspäne nachzuhelfen. Und natürlich muss Palmkohl während der Sommerhitze regelmäßig und großzügig gewässert werden. Falls der Garten starkem Wind ausgesetzt ist, empfiehlt es sich, die stattlichen Pflanzen vor den ersten Herbststürmen mit Pflöcken zu sichern. Die Wurzeln verlaufen nämlich eher flach, weshalb der Palmkohl mitunter einfach umgeweht werden kann, was natürlich mehr als schade wäre.

Hingucker im Kübel

Weil der schwarze Palmkohl so attraktiv aussieht, wird er auch gern als Kübelpflanze verwendet. Besonders hübsch sieht er als Mittelpunkt eines größeren Kübels aus. Darum herum können Petunien, Pelargonien, kleine Dahlien oder andere Sommerblumen gepflanzt werden. Schön macht sich dazu auch Kapuzinerkresse in verschiedenen Gelb- und Orangetönen. Und natürlich eignet er sich als Mittelpunkt für ein mit Kräutern bepflanztes Fass. Da der Palmkohl im Winter stehen bleibt, ist er ein prima Hingucker, sei es beim Hauseingang, auf der Terrasse oder als Balkonschmuck. Nur eines muss man wissen: Er riecht nach Kohl, und mitunter zieht er auch die lästigen kleinen, weißen Kohlfliegen an. Auf dem Balkon mag ich die nicht gern und spritze dann mitunter auch mal mit einem biologischen Insektizid.

Radieschen – gut zu wissen

Radieschen aus Samen zu ziehen ist kinderleicht. Sie wachsen am besten zeitig im Frühjahr oder dann wieder später im Herbst. Ist es zu warm, werden viele Sorten holzig und schießen rasch auf. Am besten werden sie direkt ins Beet gesät; da sie schnell wachsen, eignen sie sich hervorragend als Lückenfüller. In Töpfen auf dem Balkon muss man das Substrat sehr gut andrücken. In zu lockerer Erde bilden sie nämlich keine Knollen. Feste, normale Gartenerde gefällt ihnen besser.

Ernten und verwenden

Palmkohl ist extrem vielseitig. Die Blätter können frittiert werden, man kann sie kochen wie jede andere Kohlart oder nach Belieben in Suppen, Eintöpfen und Gemüsepfannen verwenden. Je kälter es draußen wird, desto milder schmeckt er.

Palmkohl lässt sich aber auch als Salatgemüse ziehen. Die kleinen jungen Blätter werden dazu schon den Sommer über immer wieder geschnitten und wachsen dann mehrmals nach. Junge Palmkohlblättchen sind fantastisch für pfannengerührte Gerichte, aber auch einfach roh im Salat ein Genuss.

Einige Palmkohlpflanzen lasse ich aber immer ungestört heranwachsen, schon allein damit sie im Frühling blühen. Die Blütenknospen können wie Brokkoli verwendet werden. Das heißt, man erntet sie regelmäßig, bevor sie ganz aufblühen. Dann bilden sich immer wieder neue leckere Blütensprossen. Besonders frittiert schmecken sie hervorragend und sind ein dankbares Frühlingsgemüse.

RADIESCHEN GEHÖREN DAZU

Die guten alten Radieschen (*Raphus sativus* var.) dürfen in keinem Garten fehlen. Sie sind dankbare Lückenfüller, und in der Küche möchte man sie sowieso nie missen.

Eine klassische Sorte ist die rote 'Big Ben', die auch unter eher schwierigen Klimabedingungen große, runde und pelzfeste Knollen bildet. Wenn man sie vom zeitigen Frühjahr bis in den August immer wieder aussät, kann bis zum Oktober geerntet werden. Überhaupt empfiehlt es sich, Radieschen immer wieder in Lücken zu säen, aber nie zu viele auf einmal. Denn sobald die Knollen groß und rot sind, sollten sie geerntet werden. Wenn sie zu lange im Beet stehen bleiben, werden sie hölzern und pelzig und schmecken dann oft auch zu scharf.

Resistente und originelle Sorten

Für die Sommerkultur gut geeignet ist die Sorte 'Carnita', eine Züchtung, die besonders widerstandsfähig gegen Pelzigwerden und Platzen ist, und die auch im Sommer noch zarte, saftige Knollen liefert. Es gibt aber auch weiße und bunte Radieschen und solche, die nicht runde, sondern längliche Zapfen bilden. Die bekannteste davon ist die Sorte 'Eiszapfen' mit ihren sehr zarten, schmackhaften, zapfenförmigen Knollen. Dankbar sind auch Radieschenmischungen mit roten, gelben und weißen Sorten, die sich als Salatdekoration besonders hübsch machen. In der Schweiz beliebt ist die Züchtung 'National', ein rundes rotes Radieschen mit weißem Ende. 'Pernot' hat länglichere Knollen und eine weiße Spitze. Sie eignen sich gut zum in Scheibchen Schneiden. 'Pernod' ist besonders resistent gegen Krankheiten und Schädlinge und daher für den Biogarten bestens geeignet.

Eine weitere Besonderheit sind die Luftradieschen, von denen die grünen Schoten gegessen werden. Eine ganz spezielle Pflanze! Sie wird etwa einen halben Meter hoch und bildet nach der Blüte viele scharf schmeckende, hellgrüne Schoten. Diese eignen sich bestens als Snackgemüse zum Aperitif und sind auch im Garten ein Hingucker. Hier können sie übrigens bestens in ein gemischtes Blumenbeet eingefügt werden.

FRITTIERTE BLÜTEN UND BLÄTTER VOM SCHWARZEN PALMKOHL AUF FRÜHLINGSSALAT

Was ich brauche

200 ml helles Bier
1 Ei
Muskatnuss, Salz, Pfeffer aus der Mühle
3–4 EL Mehl
200 ml Erdnussöl
1 gute Handvoll Palmkohlblätter
1 Handvoll Palmkohlblüten

2 Handvoll Schnittsalat
einige Radieschen
Hornveilchen oder andere essbare Blüten

Für die Vinaigrette:
1 EL Weißweinessig oder Apfelessig
Senf
Salz, Pfeffer aus der Mühle
2 EL Olivenöl

Und so mache ich es

Das Bier und das Ei mit einem Schneebesen gut verrühren, mit Muskatnuss, Salz und Pfeffer abschmecken. Das Mehl darunterrühren, bis die Konsistenz dickflüssig ist. Oder etwas weniger Mehl unterrühren und den Ausbackteig 30 Minuten ruhen lassen, damit der Kleber im Mehl nachdickt.

Das Erdnussöl in einer Bratpfanne erhitzen.

Die Blätter und Blüten waschen, abtropfen lassen und in etwas Mehl wenden, dann durch den Bierteig ziehen und im heißen Öl goldgelb frittieren.

Für die Vinaigrette den Essig mit wenig Senf, Salz und Pfeffer aufschlagen, das Olivenöl darunterziehen.

Den frittierten Palmkohl auf dem Salat anrichten. Mit der Vinaigrette beträufeln.

Mit den Radieschen und Blüten dekorieren.

Luftradieschen sind eine Kuriosität: Man isst die scharfen Schoten und nicht die Knollen. Im Hintergrund wilder Storchschnabel *(Geranium robertianum)*, dessen Blüten sich gut als essbare Dekoration eignen.

WASABI

Vom Japanischen Meerrettich sind nicht nur die Wurzeln, sondern – maßvoll geerntet – auch Blätter, Stängel und Blüten essbar. An einem geschützten Standort und mit gutem Winterschutz gedeiht die mehrjährige Staude auch bei uns.

JAPANISCHER MEERRETTICH
DER SCHARFE KICK

Wir kennen ihn als giftgrüne scharfe Paste, die zu Sushi gereicht wird. Doch wer selbst einmal Wasabi im Garten kultiviert hat, der wundert sich, woher die hellgrüne Farbe kommt. Tatsächlich sind die Wurzeln weißlich und sehen aus wie Meerrettich.

Wasabi *(Eutrema japonica)*, auch Japanischer Meerrettich genannt, hat aber viel mehr zu bieten als nur seine scharfen Wurzeln. Schön hellgrün sind die Stiele, und sie bleiben es auch, wenn sie richtig zubereitet werden. Auch die Blätter eignen sich für die Küche. Sie schmecken viel milder als die Wurzeln und sind roh oder gekocht eine interessante Beigabe zu allen möglichen Gerichten.

Wasabi ist eine mehrjährige Staude und kommt wild wachsend nur in Japan und auf der Insel Sachalin vor, wo er in flachem Wasser an Bachufern gedeiht. Die Pflanze wird aber im Südwesten von Tokio und inzwischen auch in Taiwan, China und im Nordwesten der USA kommerziell angebaut.

Die mehrjährige Staude mit ihrem unterirdischen Rhizom braucht bei uns im Freien einen geschützten Standort und in einem kalten Winter einen guten Schutz. Den Sommer über mag der Wasabi einen eher kühlen, halbschattigen Standort. Er liebt humose, stets feuchte Erde. Hitze und Trockenheit machen ihm sofort den Garaus.

Auf dem Balkon kann Wasabi in größeren Kübeln kultiviert werden. Die Wurzeln reichen gut 30 cm tief, daher sollte der Topf gut einen halben Meter hoch sein. Im Winter muss Wasabi im Kübel möglichst frostfrei stehen, da er in Topfkultur um einiges empfindlicher reagiert. Ansonsten bereitet diese Pflanze viel Freude. Die frischen Blätter und Blüten kann man nirgends kaufen. Außerdem ist er mit seinen seerosenartigen, saftig grünen Blättern auch eine ausgesprochen hübsche Topfpflanze für den halbschattigen Balkon.

Ernten und verwenden

Bis sich ordentliche Wurzeln bilden, dauert es oft mehrere Jahre, und nicht selten kommt es auch nicht dazu. Aber Blätter, Stängel und Blüten schmecken ebenfalls gut. Ich schneide nie zu viel auf einmal weg, da der Wasabi eine etwas mimosenhafte Pflanze ist. Gern verabschiedet er sich ganz und gar, wenn man ihm zu sehr zu Leibe rückt. Doch hin und wieder ein paar Blätter ernten verkraftet er schon. Und die Blüten kann man ohne Sorge alle gleich wegschneiden. So geht mehr Kraft in die Wurzel, und die Pflanze lebt länger, wenn man sie nicht zu lange blühen lässt. Also warten, bis sich die kleinen weißen Blütchen öffnen – und dann ab auf den Teller damit! Wasabiblätter und Blüten lassen sich kaum aufbewahren, sie welken schneller, als einem lieb ist. Ich stelle sie jeweils sofort in ein Wasserglas, auch wenn ich sie schon kurz darauf serviere.

VENERE-REIS MIT WASABISTÄNGELN, -BLÄTTERN UND -BLÜTEN

Was ich brauche

1 Tasse schwarzen Venere-Reis
3 Tassen Wasser
Salz
1 Handvoll Wasabiblätter mit Stängeln
1 Karotte
1 Handvoll Wasabiblüten

Und so mache ich es

Den Reis im gesalzenen Wasser 30 Minuten weich kochen und abtropfen lassen.

Die Wasabistängel in feine Stücke schneiden, blanchieren und mit kaltem Wasser abschrecken.

Die Blätter fein schneiden, blanchieren und mit kaltem Wasser abschrecken.

Die Stiele und die Hälfte der Blätter unter den Reis mischen und auf Tellern anrichten.

Mit den restlichen Blättern und der in feine Streifen geschnittenen Karotte dekorieren.

Am Schluss die Wasabiblüten darüberstreuen und sofort servieren.

STRAUSSENFARN

Der Straußenfarn *(Matteuccia struttiopteris)* wird für die Küche ganz jung geerntet. Sobald sich die Wedel entrollen, werden sie zäh.

FARN
METERLANGE WEDEL

Die meisten Farne sind ungenießbar, ja sogar giftig. Eine einzige Sorte aber gibt es, die ist nicht nur essbar, sondern sogar eine wahre Delikatesse. Es ist der Straußenfarn *(Matteuccia struthiopteris)*. Da man Straußenfarn nirgendwo als Gemüse kaufen kann, lohnt es sich, diese urtümliche Pflanze selbst im Garten zu kultivieren. Es ist ein rhizombildender Farn mit aufrechten Trichtern und breiten lanzettenförmigen, gefiederten Wedeln, die über einen Meter lang werden können.

Der Farn breitet sich über kriechende Rhizome aus und bildet im Umkreis der Mutterpflanze neue Trichter. So kann ein einzelner Straußenfarn mit der Zeit gut einen Quadratmeter Platz in Anspruch nehmen. Straußenfarn stammt aus kühleren nördlichen Gegenden, ist äußerst winterhart und in Nordamerika und Skandinavien seit langem bekannt als wilde essbare Pflanze.

Unter den richtigen Bedingungen kann er auch hierzulande gedeihen. Das heißt vor allem: Er mag es nicht allzu heiß. Keinesfalls sollte man ihn daher an eine sonnige Stelle pflanzen. Vielmehr gehört ihm die schattigste, feuchteste und kühlste Ecke, die man zur Verfügung hat. In einem großen Zuber mit saurer Erde könnte er sich auf dem Schattenbalkon wohlfühlen. Oder unter lichtem Gehölz, wo die Luftfeuchtigkeit hoch genug ist und im Sommer genug Schatten herrscht. Im Rhododendronbeet passt er bestens und schätzt die saure Erde.

Zur Vermehrung werden bestehende Klumpen geteilt und die einzelnen Stücke dann separat in Moorbeeterde eingepflanzt. Die Vermehrung über Sporen ist nicht ganz einfach, da sie fein wie Staub sind. Sie werden auf die Oberfläche von feuchtem Kompost ausgebracht und müssen kühl und schattig gehalten werden.

Ernten und verwenden

Die jungen Farnwedel werden geerntet, bevor sie sich entrollt haben, Sie sind dann etwa 5 cm groß und noch eng zusammengerollt. Danach werden sie rasch zäh und schmecken nicht mehr. Trotzdem muss man sie stets mindestens 15 Minuten kochen oder sehr gut durchbacken oder frittieren, bis sie komplett gar sind. Wenn sie nicht lange genug gekocht wurden, können sie zu Magenproblemen führen. Niemals roh essen! Der Geschmack bewegt sich zwischen Spargel und Brokkoli und ist sehr delikat! Traditionell wird Straußenfarn in der nördlichen Hemisphäre mit Eiern kombiniert.

FRITTIERTE STRAUSSENFARNROLLEN MIT THYMIAN-SAUERRAHM-DIP

Was ich brauche

1 TL frische Thymianblätter
200 g Sauerrahm
Salz, Pfeffer aus der Mühle
1 EL Tempuramehl
1 Ei
etwas Wasser
Erdnussöl zum Frittieren
1 Handvoll Straußenfarnröllchen

Und so mache ich es

Den Thymian fein hacken und unter den Sauerrahm mischen. Den Dip mit Salz und Pfeffer abschmecken und beiseitestellen.

Das Tempuramehl mit Ei und Wasser verrühren, bis ein flüssiger Teig entsteht, leicht salzen.

Erdnussöl in der Bratpfanne erhitzen.

Die Farne durch den Teig ziehen und goldbraun frittieren.

Variante »light«

Die Farne kann man auch einfacher zubereiten. Dazu werden sie kurz in steif geschlagenes Eiweiß getaucht, in etwas Tempuramehl gewendet und dann im heißen Öl ausgebacken.

FUNKIEN

HOSTA
DELIKATE SCHÖNHEITEN

Alle Funkien *(Hosta)* sind ursprünglich Waldpflanzen, gedeihen also am besten im Halbschatten und Schatten, gerne auch als Kübelpflanze auf dem schattigen Balkon.

Funkien sind klumpenbildende mehrjährige Stauden. Sie blühen weiß, lila und lavendelfarben bis violett, doch die meisten werden vor allem wegen ihrer schmucken, oft melierten und panaschierten Blätter angepflanzt.

In Japan kultiviert man sie seit langem auch als Gemüse, sie gelten dort sogar als Delikatesse. Ich habe einige stark wüchsige, sehr robuste Sorten (leider ohne Namen, da ich nur ein paar Wurzelstücke geschenkt bekam), von denen ich jeweils ganz ordentlich ernte. Funkiensprossen schmecken mindestens so delikat wie frischer Spargel, nur sind sie viel exklusiver, da man sie nirgends kaufen kann. Lediglich in England wird vor allem die Sorte 'Green Acres' in Gärten als Gemüse angebaut.

Rechte Seite: Oben links die gelbgrün melierte Hosta 'Confused Angel', rechts die *Hosta lancifolia*, die auch in unserem Rezept verwendet wurde. Unten eine namenlose Hosta-Schönheit mit weiß-grünem Laub.

Essbare Funkienarten

Im Prinzip sind alle Funkien essbar. Einige schmecken aber zarter als andere. Besonders empfehlenswerte essbare Arten sind: *H. crispula, H. longipes, H. montana, H. plantaginae, H. sieboldii, H. sieboldiana, H. undulata, H. ventricosa.*

Jedenfalls wachsen meine namenlosen Funkien ganz problemlos und werden von Jahr zu Jahr größer, sodass ich immer genügend Triebe ernten kann. Auch die *Hosta lancifolia* ist sehr wüchsig und unproblematisch, ich setze sie im Garten als Bodendecker ein. Ihre Triebe sind etwas kleiner, lassen sich aber ebenfalls ernten. Die kleinen, zarten, sattgrünen Blätter schmecken als Gemüse hervorragend. Und selbstredend sind auch die hübschen Blüten der Funkien essbar.

Funkien kultivieren

Funkien lassen sich ganz leicht durch Teilung vermehren. Entweder schneidet man sie zeitig im Frühling oder im Herbst in Stücke. Die einzelnen Wurzelstücke werden in humose, mit Kompost angereicherte Erde eingepflanzt und feucht gehalten. Solange sie nicht austrocknen, ist ihre Kultur kinderleicht. Das einzige ernstzunehmende Problem ist, dass auch die Schnecken Funkien sehr gern mögen. Wenn ein Garten stark von ihnen heimgesucht wird, sollte man die Funkien sicherheitshalber in alten Waschzubern auf der Terrasse kultivieren. Und weiterhin fleißig Schnecken jagen.

Ernten und verwenden

Die jungen Sprossen der Funkien schmecken am besten, bevor sich die Blätter entrollen. Sie werden im Frühling bodeneben herausgeschnitten. Bei älteren, schon gut eingewachsenen Klumpen können alle ersten Sprossen im Frühling geerntet werden, die Pflanze treibt dann nochmals aus. Bei jungen Pflanzen aber nur etwa einen Drittel der Sprossen entfernen, damit sie noch gut weiterwachsen.

Bis zum Sommer ernte ich zusätzlich noch die jungen Blätter und koche sie als Gemüse. Gedünstet und mit etwas Butter verfeinert, schmecken sie am besten. Die Blüten isst man roh, als Dekoration oder großzügig über Salate gestreut.

BREITE REISNUDELN
MIT FUNKIENSPROSSEN

Was ich brauche

250 g breite Reisnudeln
Sonnenblumenöl
1 Schalotte
1 Stück Ingwer
1 Karotte
1 gelbe Pfälzer Rübe
1 Handvoll Funkiensprossen
1 Handvoll junge Funkienblätter
Sojasauce
Salz, Pfeffer aus der Mühle
Primelblüten

Und so mache ich es

Die Reisnudeln kochen, abschrecken und mit etwas Sonnenblumenöl vermischen, damit sie nicht kleben. Beiseitestellen.

Die Schalotte und den Ingwer fein hacken. In Sonnenblumenöl andünsten.

Die Karotte und die Pfälzer Rübe in Stäbchen schneiden und 5 Minuten mitdünsten.

Die Funkiensprossen in Stäbchen schneiden, hinzugeben und alles zusammen weitere 5 Minuten dünsten.

Die Hälfte der Funkienblätter kurz blanchieren, mit kaltem Wasser abschrecken und daruntermischen. Mit Salz, Pfeffer und Sojasauce abschmecken.

Vor dem Anrichten mit den restlichen rohen Funkienblättern und Primelblüten dekorieren.

BAMBUS

BAMBUS
GEMÜSE MIT FREIHEITSDRANG

Die gelben Halme (oben und rechte Seite linkes Bild) gehören zur Bambussorte *Phyllostachys vivax* 'Aureocaulis', die grünen Halme dazwischen sind ein Klon der gelben Sorte und tragen den Namen *Phyllostachys vivax* 'Huangwenzhu'. In der selbst gezimmerten Holzkiste wächst ein schwarzhalmiger *Phyllostachys nigra.*

Bambus hat bei uns einen schlechten Ruf, der hauptsächlich auf Unkenntnis oder falschem Umgang mit ihm beruht. Bambussorten gibt es viele, von niedlichen Zwergformen bis hin zu den berüchtigten riesigen Wucherpflanzen, die auch mal nebenbei Nachbars Grundstück mit in Beschlag nehmen. Die beliebtesten sind *Phyllostachis*-Sorten, deren Halme 3 bis 8 m hoch werden. Der Durchmesser der einzelnen Halme kann bis zu 8 cm betragen. *Phyllostachis* hat den Hang, sich hemmungslos auszubreiten. Bambussperren aufzubauen ist mühsam und funktioniert meist doch nicht so recht. Besser und wirkungsvoller ist es, die überzähligen Sprosse regelmäßig zu ernten und aufzuessen. Die verspeisten Sprosse wachsen nämlich nicht mehr nach. Erntet man im Frühling tüchtig, ist das Problem für den Rest der Saison gelöst.

Außerdem muss man verstehen, wie Bambus wächst und was er mag. Schließlich gibt es einen einfachen Trick, ihn an Ort und Stelle zu behalten. Die Schwäche von Bambus ist nämlich, dass er feuchte, sehr nahrhafte Erde mag. Wenn man nun einen Mulchhaufen aus halbverrottetem Kompost, Schnittgut und Laub um den Bambus herum aufschichtet, werden die neuen Triebe dort bleiben, da sie dort reichlich Nahrung und Wasser finden. Sie kommen dann gar nicht auf den Gedanken, sich in die Umgebung auszubreiten.

Bambus vermehren

Die Vermehrung von Bambus ist denkbar simpel: einfach die Rhizome teilen und dann einzeln wieder einpflanzen. Bei größeren Exemplaren braucht man dafür Axt und Säge, da die Rhizome älterer Pflanzen stark verholzen. Bambus zu teilen ist mitunter Schwerstarbeit. Aber dafür lassen sich die Rhizomstücke leicht wieder einpflanzen, und man hat schon bald eine neue, stattliche Pflanze. Ich habe einzelne Bambusrhizome in alte Bauwannen gepflanzt, und für andere eine spezielle Wucherkiste aus alten Brettern zusammengezimmert. Die Kiste ist nur einen halben Meter hoch, aber tiefer wurzelt Bambus meist sowieso nicht. Nun steht sie auf dem Parkplatz, und der Bambus wächst darin meterhoch bis unters Dach. Es ist vielleicht die einfachste und sicher die schnellste Methode, um einen tristen Hinterhof attraktiv zu begrünen. Und die Sprossen, die aus der Wucherkiste herausdrängen, landen in der Pfanne.

Ernten und verwenden

Die jungen Bambustriebe erscheinen zwischen April und Juli. Wenn sie aus dem Boden stoßen, haben sie bereits den vollen Durchmesser der ausgewachsenen Halme. Und so lassen sich bei älteren Bambuspflanzen mitunter auch zarte junge Sprossen von 8 cm Durchmesser ernten. Ein sensationelles Gemüse, das man in dieser Form hierzulande nirgends kaufen kann. Bambussprossen können bis zu einer Höhe von einem Meter geerntet werden, später sind sie nicht mehr zart genug. Aber nur die obersten 30 cm sind essbar, der Rest ist holzig.

Für die Ernte werden die Sprosse bodeneben abgeschnitten. Noch besser ist es, die Erde um den Spross herum abzugraben und ihn direkt am Ansatz beim Rhizom abzuschneiden. So gewinnt man längere, zarte Sprosse.

Vor dem Kochen die Sprosse jeweils der Länge nach aufschneiden und die äußeren, zähen Schichten entfernen, bis das weiße oder zart hellgrüne Innere freigelegt ist. Bei nicht bitteren Sorten kann dieses roh für Salate verwendet werden. Alle anderen, auch nur leicht bitteren Sorten werden weich gekocht oder gebraten. Nach 10 bis 15 Minuten Kochzeit verschwindet der bittere Geschmack. Gekochte, frische Bambussprossen haben ein zartes Aroma, das an Zucchini erinnert, manche sogar mit einer Spur Erbsen- und Selleriegeschmack im Hintergrund.

Die besten essbaren Bambussorten

Moso-Bambus *(Phyllostachys edulis)* wird hauptsächlich in Japan für die Küche bevorzugt. Sweetshoot Bamboo *(Phyllostachys dulcis)* ist die in China zum Essen bevorzugte Sorte.

Ebenfalls essbar sind folgende Sorten, wobei einige bitter schmecken können. Die Bitterstoffe verschwinden aber, wenn man die Sprossen etwas länger kocht.

Pleioblastus subsp., *Pseudosasa japonica, Arundinaria gigantea, Semiarundinaria* subsp., *Yushania* subsp.

GEBRATENE BAMBUSSPROSSEN AUF GEMÜSE-KOKOS-CURRY

Was ich brauche

2 große oder 6 kleine Bambussprosse
1–2 EL Pflanzenöl
1 mittelgroße Zwiebel
1 Stück Ingwer
1 TL Thai-Curry-Paste oder Currypulver
300 ml Kokosmilch
1 Karotte
1 Stange Stangensellerie
150 g Erbsen oder anderes Gemüse
1 Tasse Basmatireis
Sojasauce
Salz, Pfeffer aus der Mühle

Und so mache ich es

Bambussprosse

Die Bambussprosse putzen und aufschneiden. Dann je nach Größe 5–15 Minuten blanchieren.

Die Sprosse in Pflanzenöl braten, bis sie gar und goldbraun sind

Gemüse-Kokos-Curry

Die Zwiebel und den Ingwer klein schneiden und in Öl andünsten. Currypaste oder -pulver beigeben und auf kleiner Flamme mitbraten. Mit Kokosmilch ablöschen.

Die Karotte und den Sellerie fein schneiden, zugeben und alles auf kleiner Flamme 15 Minuten köcheln.

Die Erbsen zugeben und nochmals 5 Minuten köcheln lassen.

Mit Sojasauce, Salz und Pfeffer abschmecken. Mit Basmatireis anrichten und die gebratenen Bambussprosse daraufgeben.

KARTOFFELN, ERBSEN, BRENNNESSELN

KARTOFFELN
DIE DOLLE KNOLLE

Für alle, die unter Zeitmangel leiden, ist die Kartoffel ideal. Einmal pflanzen und dann nichts mehr tun! Normalerweise werden Kartoffeln in Reihen angebaut, die mehrmals pro Saison minutiös gejätet und angehäufelt werden. So wird das Licht ausgeschlossen und sie bilden mehr Knollen. Sobald die Knollen ans Licht kommen, werden sie nämlich grün und giftig. Aber es geht auch mit weniger Arbeit. Ich jedenfalls häufle meine Kartoffeln meist nicht an. Ich jäte auch nicht im Kartoffelbeet, denn bei der Ernte wird das Unkraut dann sowieso entfernt. Und ich brauche auch keine Rekordernte, schließlich fahre ich damit nicht auf den Wochenmarkt. Genug Knollen für den Eigenbedarf gibt es allemal auch ohne Jäten und Anhäufeln. Also pflanze ich meine Kartoffeln jeweils etwas tiefer, schaufle noch eine Lage Kompost darüber und überlasse sie dann getrost ihrem Schicksal. Das hat bis jetzt immer gut funktioniert, auch wenn mir fleißige Gartenbesucher immer wieder beteuert haben, so einfach gehe das natürlich nicht.

Tipp: Kartoffeln vortreiben

Anfang März lege ich die Saatkartoffeln auf Eierkartons und stelle sie ans Licht. So treiben sie aus. Ab Ende März werden sie dann ins Freiland gepflanzt und wachsen rasch heran.

Der Trick: Kartoffeln als Pionierpflanzen

Wenn man ein Stück Rasen in ein neues Beet verwandeln oder ein verwildertes Stück Garten neu bebauen will, ist dies der genialste Trick: Einfach im Frühling alles umgraben und so weit wie möglich sämtliche Wurzeln entfernen und dann Kartoffeln pflanzen. Bei der Ernte lässt sich das nachgewachsene Unkraut mühelos entfernen, und der Boden wird durch die Kartoffeln gut gelockert und kann nun viel einfacher bearbeitet werden. Ich habe auch schon mitten in dem Beiwuchs einfach Löcher gebuddelt, Kartoffeln hineingelegt und diese dann sich selbst überlassen. Natürlich fällt die Ernte dann etwas geringer aus. Aber Kartoffeln sind recht gut darin, andere Pflanzen zu verdrängen. Und bei der Ernte können dann alle anderen Wurzeln gleich mit entfernt werden. Kurz: Kartoffeln eignen sich hervorragend, um den Boden gründlich zu lockern.

Kartoffeln im Eimer

Die einfachste Art Kartoffeln anzubauen, ist die Methode mit dem alten Eimer. Vor allem ist die Ernte dann sehr einfach: den Eimer umkippen, und heraus kullern die frischen Knollen.

Der Eimeranbau funktioniert so: Einen alten Mülleimer oder irgendeinen größeren Kübel nehmen und Löcher in den Boden bohren, damit überflüssiges Wasser ablaufen kann. Nun das Gefäß zu zwei Dritteln mit frischer Bio-Gemüseerde aus dem Fachhandel füllen. Verwendet man Gartenerde, bildet sich mehr Unkraut, und sie enthält auch weniger Nährstoffe. Die Ernte fällt insgesamt weitaus besser aus, wenn eine gute Qualitätserde verwendet wird. Nun je nach Größe des Kübels eine bis drei Kartoffeln auf die Erde legen und mit etwa 10 cm Erde bedecken. Wenn die Pflanzen wachsen, kann nochmals etwas Erde aufgefüllt werden, sodass die Knollen stets gut bedeckt sind und nicht grün und giftig werden. Sobald die Kartoffelstauden blühen und anschließend zu welken beginnen, sind die jungen Kartoffeln erntereif. Wer ganz

kleine Frühkartoffeln will, kann auch schon vorher ernten und den Eimer dann gleich nochmals neu bepflanzen. Die Kultur von Eimerkartoffeln kann man an einem warmen, geschützten Ort schon im Februar starten und dann die Saison über immer mal wieder einen neuen Eimer bepflanzen. Ein Teil der Erde lässt sich nochmals verwenden. Dazu einfach die Wurzeln entfernen und, soweit nötig, mit frischer Erde auffüllen. Mit etwas Geschick schafft man es mit dieser Methode, sogar zu Weihnachten nochmals frische Frühkartoffeln zu ernten.

Sorten über Sorten

Es gibt Hunderte von Kartoffelsorten. Man unterscheidet dabei zwischen frühen, mittleren und späten Sorten. Außerdem differenziert man je nach Verwendung in festkochende und mehligkochende Sorten. Groß in Mode sind derzeit die sogenannten alten Sorten, von denen es unzählige regionale Spezialitäten gibt. Teilweise sind diese aber anfälliger für die berüchtigte Kartoffelfäule.

Die bekanntesten und bewährtesten festkochenden Sorten sind 'Charlotte' und 'Nicola'. Für die Eimerkultur verwende ich jeweils 'Charlotte', mit der ich noch nie Probleme hatte. Auch die kleine französische Sorte 'Virgule' (Ratte) eignet sich dafür. Ihre Knollen schmecken besonders lecker und leicht nussig. Mehligkochende große Kartoffelsorten selber anzubauen ist weniger sinnvoll. Diese kann man gut und günstig auf dem Wochenmarkt kaufen. Doch festkochende Frühkartoffeln sind, ganz frisch aus eigener Ernte, eine wahre Delikatesse.

Kartoffelproblemen vorbeugen

Eigene Saatkartoffeln kann man für eine Saison aufbewahren, aber danach sollte man wieder neue kaufen, da sich mit der Zeit Viren und andere Krankheitserreger breitmachen. Aus diesem Grund sollte man Kartoffeln auch möglichst jedes Jahr wieder in ein anderes Beet pflanzen. Bei der Eimerkultur gilt: Am Ende der Saison alles gründlich putzen und waschen. Im nächsten Jahr unbedingt mit sauberen Gefäßen und frischer Erde wieder neu beginnen. Dann sollten die Kartoffeln gesund bleiben.

Im Biogarten kann über die Jahre plötzlich die berüchtigte Kartoffelfäule auftreten. Dann gilt es, die betroffenen Blätter sofort rigoros abzuschneiden, sobald sie erste Befallssymptome zeigen. Man erkennt die Kartoffelfäule an schwarzen Flecken an den Blatträndern. Nach dem Schnitt drei Wochen warten, bevor die Knollen geerntet werden. Nach dieser Zeit sollten die Sporen der Pilzkrankheit auf der Bodenoberfläche abgestorben sein, und die Kartoffeln werden bei der Ernte nicht damit infiziert. Das funktioniert aber nur bei einigermaßen trockenem Wetter. Kartoffelfäule bei anhaltend feuchter Witterung bedeutet meist den Verlust der Ernte.

ERBSEN
SÜSSE VERFÜHRUNG

»Wer im Juni keine eigenen Erbsen ernten kann, der taugt nichts als Gärtner«, pflegte ein alter Nachbar von mir zu sagen. Und so habe ich mich immer angestrengt, damit meine Erbsen bereits im Mai blühten und vor Sommeranfang geerntet werden konnten. Um dies zu erreichen, muss man aber ordentlich in die gärtnerische Trickkiste greifen. Das heißt, die Erbsen werden zeitig Ende Februar zu zweit oder zu dritt in mit Erde gefüllte Klopapierrollen gesät. Die Rollen dicht an dicht in ein Körbchen oder in eine alte Weinkiste stellen, und ab auf einen sonnigen, warmen Fenstersims damit. Ein

Tipp: Salaterbsen

Ich kultiviere im Garten immer ein paar Erbsen als Salatpflanzen und schneide immer wieder die Triebe ab. So entstehen buschige Pflanzen, die nicht aufgebunden werden müssen. Und sie liefern den ganzen Sommer über frisches Grün für die Salatschüssel.

Gewächshaus wäre zu diesem Zweck natürlich ideal. Die Erbsen brauchen möglichst früh schon ausreichend Wärme und Licht. Bei warmer Witterung im März werden sie dann nach draußen gepflanzt. Falls das Wetter noch allzu garstig ist, könnten sie in einem Tomatenhaus Zuflucht finden. Außerdem hilft schwarze Mulchfolie, die Bodentemperatur etwas zu erhöhen. Auf einem sonnigen, geschützten Balkon kann es mit den Juni-Erbsen eventuell auch klappen. Hier sind die Tricks: Alufolie, um das Licht zu reflektieren, und eine schwarze Bodenunterlage, um die Wärme zu speichern. Und falls es kalt wird, die Kistchen in eine geschützte Ecke stellen.

Wer seine Erbsen normal im März direkt ins Beet sät, wird ein paar Wochen länger warten müssen, aber bis zum Sommeranfang schaffen sie es bei günstigem Wetter auch. Direkt gesät, sind Erbsen kinderleicht zu ziehen. Sie wachsen eigentlich von selbst. Was sie brauchen, sind ein paar Reisigzweige, an denen sich ihre Ranken festhalten können. Traditionell verwendet man dafür die Tannenzweige, die den Winter über zum Abdecken der Rosen gebraucht wurden.

Egal ob Anfang Juni oder mangels Zeit und rechtzeitigem Bemühen erst später im Sommer: Die ersten Erbsen esse ich immer direkt draußen im Garten. Sie schmecken nie süßer, als ganz frisch gepflückt. Schon nach wenigen Stunden beginnt sich der Zucker zu zersetzen, und nach einem Tag schmecken sie bereits mehlig. Das ist auch der Grund, warum es sich in kulinarischer Hinsicht immer lohnt, eigene Erbsen anzubauen. Und wer Kinder hat, sollte ihnen diese Leckerei auf keinen Fall vorenthalten.

Ernten und verwenden

Erbsen sind eines der süßesten und leckersten Gemüse überhaupt. Aber von den Erbsenpflanzen kann man viel mehr essen als nur die Erbsen selbst.

Junge Erbsenblätter schmecken hervorragend als Salatbeigabe: eine Handvoll Blättchen abzupfen und einfach unter den Salat mischen. Ältere Erbsenblätter bereite ich wie Spinat als Blattgemüse zu.

Auch die Erbsenschalen sind eigentlich viel zu schade zum Wegwerfen. Es lohnt sich, sie auszukochen. Mit dem Erbsensud lässt sich beispielsweise am nächsten Tag ein feines Gemüsesüppchen oder ein Erbsenrisotto zubereiten.

BRENNNESSELN
UNENTBEHRLICHE ALLESKÖNNER

Die Brennnessel *(Urtica dioica)* kennt jedes Kind, und fast jeder hat schon mal von diesem und jenem Hausmittelchen mit Brennnesseln gehört oder selbst eine Brennnesseljauche angesetzt, um damit Gartenprobleme biologisch anzugehen.

Vor allem aber sind Brennnesseln in kulinarischer Hinsicht interessant. Sie lassen sich auf vielfältigste Weise verwenden und wachsen jederzeit und überall gratis heran, oftmals sogar mehr, als einem lieb ist. Brennnesseln verbreiten sich über Rhizome und Ausläufer, die nur wenig unter der Oberfläche wachsen. Außerdem versamen sie sich leicht. Da sie bis zu 2 m hoch werden, fliegen die Samen mit dem leisesten Windhauch weit durch den Garten.

Brennnesseln enthalten viel Nitrat, sie sind Zeigerpflanzen für stickstoffreiche und fruchtbare Böden. Da sie auch reichlich Mineralstoffe enthalten, lassen sich daraus

Oben links eine junge Erbsenschote, rechts frische Zuckererbsen. Unten junge Brennnesseltriebe. In diesem Stadium schmecken sie zart. Später, wenn die Pflanze blüht, sind sie als Spinat nicht mehr so gut geeignet.

wirksame Düngejauchen für den Gebrauch im Biogarten herstellen. Oder man legt die abgeschnittenen Blätter einfach als Mulch auf die Beete, dies aber unbedingt, bevor sie verblüht sind und Samen tragen.

Neben all den genannten Vorzügen sind Brennnesseln vor allem wichtige Wirtspflanzen für viele Nützlinge, besonders die Raupen verschiedener Schmetterlingsarten wie Tagpfauenauge, Admiral oder Kleiner Fuchs leben ausschließlich von den Blättern dieser wunderbaren Pflanze.

Die Superpflanze für faule Gärtner

Über den Anbau von Brennnesseln sei hier nicht viel gesagt, denn in den allermeisten Gärten taucht sie ganz von allein auf. Bei mir sind sogar auf dem Balkon im dritten Stockwerk eines Neubaugebiets plötzlich Brennnesseln in einem Eimer aufgetaucht. Ich wäre nie auf die Idee gekommen, absichtlich Brennnesseln auf dem Balkon zu ziehen, aber tatsächlich bewähren sie sich bestens als Kübelpflanze. Sie machen nie Probleme, werden nie krank und verzeihen es sogar, wenn ich mal vergesse zu gießen. Ich ernte immer mal wieder davon, wenn ich gerade sonst nichts Grünes für die Küche zur Hand habe und zu faul bin, um nochmals in den Garten zu gehen. Und sie wachsen prompt immer wieder nach, und zwar in einem Tempo, das ihnen so schnell keine andere Pflanze nachmacht.

Wer keine Nesseln hat, gräbt einfach irgendwo ein Stück der Wurzeln aus, einpflanzen, fertig. Und natürlich kann man sie auch aussäen, sie wachsen in jedem Fall problemlos und zuverlässig heran.

Zu viel des Guten

Falls die Nesseln im Garten überhandnehmen, was auch bei fleißigem Ernten geschehen kann, gibt es nur eins: ausreißen, was zu viel ist. Idealerweise pflanzt man sie irgendwo in der hintersten Ecke, wo die Schmetterlingsraupen sich darüber freuen und wo man gelegentlich ernten kann, ohne dass die anderen Pflanzen durch die enorme Wuchsfreudigkeit der Brennnesseln beeinträchtigt werden. Außerdem empfiehlt es sich, die Samenstände regelmäßig zu entfernen, bevor sie reif sind.

Ernten und verwenden

Im Frühling ernte ich die jungen Triebspitzen. Sie schmecken wunderbar in Suppen, als Blattgemüse oder pfannengerührtes Gemüse, in Lasagne, Gemüsekuchen und vielen anderen Rezepten.

Zum Ernten empfehle ich Handschuhe zu tragen. Wer mutig ist, kann sie auch ohne Handschuhe pflücken. Der Trick dabei: die Stiele und Blätter sehr fest und entschlossen anfassen; dann brennen sie nämlich nicht. Das braucht allerdings etwas Übung oder ordentlich Hornhaut an den Fingern vom vielen Gärtnern.

Übrigens verwende ich auch die Samenstände in der Küche: leicht angebraten und auf einem Risotto zum Beispiel. Sehr lecker und voller Vitamine! Sie schmecken auch sehr gut als Beigabe zu Pfannengemüse.

JUNGE EIMERKARTOFFELN MIT ERBSEN UND LAVENDEL

Was ich brauche

400 g junge Kartoffeln
2–3 EL Olivenöl
½ Teelöffel grobes Meersalz
10 Lavendelblüten
2 Handvoll frische Erbsenblätter
1 Tasse frische Erbsen
1 kleiner Becher Sauerrahm oder Crême fraiche
Salz, Pfeffer aus der Mühle

Und so mache ich es

Die Kartoffeln mit dem Olivenöl mischen, salzen und in einer feuerfesten Form bei 200 Grad im Backofen 15 Minuten garen.

Die Lavendelblüten fein schneiden, über die Kartoffeln streuen und nochmals 5 Minuten weitergaren.

Während die Kartoffeln im Ofen sind, die Ranken von den Erbsenblättern schneiden und beiseitelegen.

Die Erbsenblätter blanchieren, abschrecken, pürieren und durch ein Sieb streichen.

Das Erbsenpüree mit dem Sauerrahm mischen, mit Salz und wenig Pfeffer abschmecken. Zusammen mit den Kartoffeln anrichten.

Tipp: Der Klassiker auf dem Blech

Wann immer mir gerade sonst nichts einfällt, was ich kochen könnte, mische ich ein paar geschälte und in dünne Scheiben geschnittene Kartoffeln in einer Schüssel mit Olivenöl und Meersalz, werfe sie auf ein Backblech und backe sie im Ofen bei 180 Grad 15–20 Minuten, bis sie knusprig sind. Das schmeckt tausendmal besser als Pommes frites und passt einfach immer. Wahlweise gebe ich noch einige klein geschnittene Rote Beten, Pastinaken, Karotten oder was ich gerade sonst zur Hand habe, sowie etwas Thymian, Rosmarin, Ysop oder andere Kräuter dazu.

BRENNNESSEL-KARTOFFELPUFFER

Was ich brauche

3 große mehligkochende Kartoffeln
200 g Brennnesselblätter
1 mittelgroße Zwiebel
1 Knoblauchzehe
Butter
1 großes oder 2 kleine Eigelb
Salz, Pfeffer aus der Mühle, Muskatnuss
Schnittsalat
einige Borretschblüten oder andere essbare Blüten nach Wahl

Und so mache ich es

Die Kartoffeln schälen, in kochendem Wasser weich kochen. Abschütten, zerstampfen und abkühlen lassen.

Die Brennnesselblätter blanchieren, auspressen und fein hacken.

Die Zwiebel und den Knoblauch fein hacken und in etwas Butter andünsten. Mit den Kartoffeln und Brennnesseln mischen. Das Eigelb unterrühren, mit Salz, Pfeffer und Muskatnuss abschmecken.

Von Hand Küchlein formen und in ausgelassener Butter beidseitig einige Minuten goldbraun braten. Mit Schnittsalat und einem Zweiglein Borretsch mit Blüten anrichten.

Tipp: Borretsch und Lavendel zu Kartoffeln

Die wunderschönen Borretschblüten und -blätter mit ihrem zarten Gurkenaroma passen gut zu allen Kartoffelgerichten. Im Garten oder auf dem Balkon lässt sich Borretsch problemlos aus Samen ziehen, er versamt sich gern und kommt dann jedes Jahr wieder. Lavendelblüten erntet man am besten, gleich wenn sie aufblühen, dann ist ihr Aroma am stärksten. Für die Küche eignen sich auch die zarten Blättchen des neuen Austriebs im Frühling. Später im Jahr können sie wie Rosmarinzweige als Ganzes mitgekocht werden.

MANGOLD
UND PETERSILIE

MANGOLD
GEMÜSE MIT STI(E)L

Weiße Krautstiele haben besonders breite, schmackhafte Rippen. Hier wachsen sie zusammen mit Tagetes und rotem Lollosalat.

Stielmangold (*Beta vulgaris* var. *cicla*) ist ein einfaches und dankbares Gemüse, einfach zu ziehen und sehr hübsch. Wer nur wenig Platz hat, kann ihn auch in Blumenkistchen oder in Beete integrieren. Stielmangold lässt sich leicht aus Samen ziehen. Man kann auch Jungpflanzen kaufen, nur sind diese oft nicht ganz billig. Außerdem hat die Direktsaat den Vorteil, dass die Pflanzen tiefere, kräftigere Pfahlwurzeln bilden und so Trockenperioden im Sommer besser überstehen. Gepflanzt wird mit einem Abstand von etwa 40 cm zwischen den Setzlingen oder alle 40 cm zwei, drei Samen in die Erde drücken. Die überschüssigen Jungpflanzen verwende ich für die Küche. Ganz junge Blätter kommen in den Salat, größere Blätter und Stiele koche oder schmore ich.

Leider mögen auch Schnecken Mangold zum Fressen gern. Im Frühling sind die jungen Pflanzen daher stark gefährdet und benötigen einen Schutz.

Tipp: Halbschatten

Stielmangold gedeiht gut als Kübelpflanze auf einem halbschattigen Balkon. Auch im Garten wächst er gut im Halbschatten. Aber natürlich kann man ihn auch an der Sonne pflanzen, sofern ausreichend sonnige Standorte vorhanden sind.

Mehrfarbig versus Weiß

Der klassische weiße Stielmangold bildet die begehrten zarten, breiten Rippen. Die mehrfarbigen Züchtungen sind etwas zäher, aber da sie so hübsch aussehen, lohnt es sich, sie zu ziehen.

Auch regelmäßiges Gießen ist für das Wohlergehen der Pflanzen unerlässlich, dies insbesondere während der Sommerhitze, weil die Stiele sonst aufschießen könnten. Allerdings ist es wichtig, sie anfangs nicht zu sehr zu verwöhnen. Daher nur so viel gießen wie nötig, und dann wieder warten, bis der Boden trocken ist. So härtet man die Pflanzen ab, und sie schießen dann nicht zu sehr auf.

Eine Besonderheit sind die recht großen, knorrigen »Samen«, die botanisch gesehen gar keine Samen sind, sondern Früchte. Jede Kapsel enthält mehrere Samen, und meist wächst nur der kräftigste davon heran. Falls mehrere aufgehen, sollten sie ausgedünnt werden, sodass ein Pflänzchen kräftig weiterwachsen kann.

Zwei oder mehr Jahre?

Stielmangold wird normalerweise als zweijährige Pflanze kultiviert. Bis minus 6 Grad ist er winterhart, doch in unseren Breitengraden friert er im Winter meist zurück, treibt aber zeitig im Frühjahr wieder neu aus. Ein willkommenes frisches Blattgemüse in der ansonsten noch kargen Zeit. Er bildet dann statt großer Blattrippen eher buschige junge Blätter, die wie Spinat zubereitet werden können. Wenn sie aufschießen, sehen sie manchmal ganz lustig aus. Wird Mangold regelmäßig beerntet, verhält er sich bisweilen wie eine mehrjährige Staude, die nicht zur Blüte kommt.

Ernten und verwenden

Jeweils die äußeren Stiele am Ansatz wegbrechen. Nicht schneiden! Wenn beim Abschneiden ein Stück stehen bleibt, fault die Pflanze leicht. Mitunter nisten sich auch Asseln in den Strünken ein.

Die Stiele kann man für Gratins, Kuchen und als Gemüse verwenden, aber auch leckere Salate lassen sich damit zubereiten. Stielmangold ist ein außerordentlich vielseitiges Gemüse; sowohl die Rippen wie auch die Blätter schmecken gut. Oft bereite ich am

Feurig leuchtet der rote Stielmangold (oben). Wenn die Blätter stets von unten her abgerissen werden, wächst die Pflanze lange weiter und bildet einen knorrigen Strunkansatz. In diesem Zustand ist sie dann oft sogar winterhart. Petersilie (unten) kann man nie zu viel haben.

ersten Tag die frischen Blätter als Spinat zu und verwende am nächsten Tag die Rippen. So ist für Abwechslung in der Küche gesorgt.

Die Blätter kann man nicht lange aufbewahren. Deshalb immer nur so viel ernten, wie gerade benötigt wird.

PETERSILIE BRAUCHT'S IMMER

Petersilie *(Petroselinum crispum)* darf in keiner Küche und natürlich auch auf keinem Balkon und in keinem Gemüsegarten fehlen. Die Petersilie schätzt humoses, lockeres Substrat. Im Garten vor dem Pflanzen etwas Kompost einarbeiten, und für Gefäße eine Mischung aus Kompost und Gemüseerde verwenden. Auf dem Balkon gedeiht sie in Töpfen mit einem Durchmesser von mindestens 30 cm. In Gefäßen braucht sie aber regelmäßig Dünger. Auch sollte sie keinen allzu heißen Standort an der brennenden Sonne haben. Leichter Halbschatten ist besser.

Petersilie ist eine zweijährige Pflanze, die Pfahlwurzeln bildet. Verpflanzen überlebt sie meist nicht. Ich säe deshalb jedes Jahr neu Petersilie an, sodass immer genug vorhanden ist. Im Gemüsegärtchen habe ich gleich beim Eingang eine Reihe von meinem Lieblingskraut. Manchmal gehe ich nur in den Garten, um etwas davon zu naschen. Petersilie hat einen hohen Anteil an Vitamin A, B und C sowie Mineralstoffen, nur Paprika enthält noch mehr Vitamin C.

Warum Petersilie nicht mit Schnittlauch kann

Petersilie ist eine zweijährige Pflanze, die im ersten Jahr würziges Laub bildet und im zweiten Jahr blüht. Darum glauben viele, man dürfe Schnittlauch und Petersilie niemals zusammen pflanzen, da die Petersilie dann im zweiten Jahr einginge. Aber das liegt schlicht in ihrer Natur. Doch es gibt einen anderen Grund, die beiden beliebten Küchenkräuter nicht zusammen in einen Topf zu pflanzen. Sie brauchen nämlich beide tiefgründige nahrhafte Erde und sind beide recht hungrige Gewächse. Darum gedeihen sie tatsächlich besser, wenn sie genug Platz für sich allein haben. Schnittlauch ist übrigens eine mehrjährige Staude und bildet mit der Zeit große, dichte Wurzelklumpen. Er lässt sich leicht überwintern, und wenn er einmal gut angewachsen ist, hat man ihn ewig. Gelegentlich teile ich die Klumpen, um sie zu vermehren. Ich habe auch immer ein paar Töpfe mit Schnittlauch auf dem Balkon, wo sie hübsch aussehen, wenn sie blühen. Schnittlauchblüten sind außerdem für die Küche prima als Dekoration.

Glatt oder gekraust

Es lohnt sich, sowohl eine glatte wie eine krause Petersiliensorte zu ziehen. Sie schmecken zwar ähnlich, aber zum Dekorieren von Gerichten ist es praktisch, wenn man beide zur Hand hat.

Bei den krausen Sorten gibt es verschiedene Züchtungen, die mehr oder weniger gekraust sind. Sehr stark gekraust, ertragreich und gut winterfest sind die Sorten 'Extra Krause' und 'Grüne Perle'. Die klassische glattblättrige Sorte ist 'Einfacher Schnitt'. In Italien, wo vor allem glatte Petersilie verwendet wird, findet man davon diverse Sorten.

LASAGNE
MIT DREIFARBIGEM STIELMANGOLD

Was ich brauche

4 Tomaten
1 Knoblauchzehe
1 Zwiebel
1 EL Olivenöl
Salz, Pfeffer aus der Mühle
400 g Stielmangold, Stiele und Blätter
1 Packung Lasagneplatten

Für die Béchamelsauce:
1 EL Butter
2 EL Mehl
300 ml Milch
ein wenig Käse (Greyerzer oder Bergkäse) und Butterflocken zum Überbacken

Und so mache ich es

Die Tomaten mit kochendem Wasser übergießen und abschrecken, dann die Haut abziehen. Fein hacken. Die Knoblauchzehe schälen und pressen, mit den Tomaten im Olivenöl andünsten. Mit Salz und Pfeffer würzen.

Die Mangoldrippen fein schneiden, zu den Tomaten geben und mitdünsten. Etwas Wasser beigeben, falls die Tomaten zu wenig Saft haben und alles 15 Minuten köcheln.

Inzwischen für die Sauce in einem kleinen Kochtopf Butter und Mehl andünsten, ohne dass es Farbe annimmt. Die Milch sorgfältig unterrühren. Etwa 10 Minuten auf kleiner Flamme köcheln lassen.

Die Mangoldblätter fein schneiden, zu den Tomaten und Mangoldstielen geben und 5 Minuten köcheln.

Die Lasagneplatten 5 Minuten in Salzwasser weich kochen und abschrecken. Nach Belieben mit einer Tasse rund ausstechen.

Die Lasagneplatten auf dem Backblech abwechselnd mit dem Gemüse und der Béchamelsauce belegen oder die ganzen Lasagneplatten abwechselnd mit dem Gemüse und der Béchamelsauce in eine gefettete Gratinform schichten. Mit einer Schicht Béchamelsauce abschließen.

Etwas Käse und Butterflocken darüberstreuen und die Lasagne im Backofen bei 200 Grad 15 Minuten überbacken.

Tipp: Sommerlicher Stielmangoldsalat

Stielmangold lässt sich auch wie Kartoffelsalat zubereiten. Statt Mayonnaise bereite ich eine Sauce aus Apfelessig, Rapsöl und etwas mildem Senf zu. Dann gebe ich klein geschnittene Schalotten und viel Petersilie dazu. Mit verschiedenfarbigen Mangoldstielen sieht das superschön aus – eine Überraschung für die sommerliche Gartenparty.

Tipp: Püriertes Blattgemüse

In Südafrika werden diverse Blattgemüse einzeln oder gemischt als Püree zubereitet, dazu zählen neben Stielmangold Rote Bete, Zucchiniblätter oder junge Kürbisblätter. Das Gericht heißt Mukusule. Dazu mischt man die gehackten Blätter zu gleichen Teilen, gibt eine große gekochte Kartoffel und eine fein gehackte Zwiebel dazu. Nun alles zusammen gar kochen, pürieren und am Schluss etwas Butter dazugeben.

FENCHEL

KNOLLENFENCHEL ZUM DAHINSCHMELZEN

Knollenfenchel (*Foeniculum vulgare* var. dulce) heißt auf Italienisch Finocchino. Was für ein schöner Name, was für ein sehnsüchtiger Geschmack nach Süden! Die zarten, anissüßen Knollen sind eine der großen Sommerdelikatessen. Meine Lieblingssorte ist 'Zefa Fina'. Nun soll mir bloß niemand sagen, er möge keinen Fenchel!

Im Garten macht Fenchel auch richtig Freude, zumindest in einem guten Jahr, sofern das Wetter mitspielt. Was für eine schöne Pflanze, und so einfach zu ziehen! Die jungen Setzlinge bekommt man im Frühling überall im Gartenfachhandel oder auch auf dem Wochenmarkt. Einfach pflanzen und zuschauen, wie sie wachsen. Die Knollen werden allerdings nur dann besonders zart, wenn sie in einem Zug heranwachsen. Sobald sie bei kühlem, nassem Wetter ins Stocken geraten, verholzen sie leicht.

Wichtig zu wissen ist, dass Fenchel aus dem Mittelmeerraum stammt, wo er als Marschpflanze wild wächst. Das heißt, er mag es eher feucht. Sobald er zu trocken steht, verholzt er und schießt dann auch bald auf. Am besten ist es, den Fenchel bei schönem Wetter im Mai und Juni zügig heranzuziehen und die Knollen dann gleich zu verwenden, solange sie noch schön zart sind. Später in der Saison gelingt die Fenchelkultur noch ein zweites Mal, wenn man es schafft, nach der größten Hitze im August und in einen warmen September hinein eine günstige Wetterperiode zu nutzen. Ohne Wetterglück hingegen wird es mit den zarten süßen Fenchelknollen nichts, da helfen auch keine Tricks. Was man aber in jedem Fall immer verwenden kann, ist sein süß würziges Kraut.

Links ein aufgestängelter, blühender Knollenfenchel, auf dessen Laub sich die Raupen des Schwalbenschwanzes tummeln.
Rechts zarter Knollenfenchel und daneben die alte Salatsorte 'Forellenschluss' mit braunrot gesprenkelten Blättern.

Auf gut Glück

Da die Zartheit der Fenchelknollen stark vom günstigen Wetter abhängt, kaufe ich mehrmals pro Saison Setzlinge. Fenchel aus Samen zu ziehen ist mir zu aufwendig, und die Setzlinge sind nicht teuer und in guter Qualität erhältlich. Fenchelsetzlinge sind auch prima Lückenfüller für zwischendurch.
Ich füge sie besonders gern in Lücken in den Blumenbeeten ein. Oft pflanze ich sie auch dichter als vorgesehen und ernte schon früh ein paar ganz junge Knollen. So gestaffelt gepflanzt, ist die Chance am größten, dass das Wetter irgendwann mitspielt und die Fenchelpflanzen perfekte, zarte Knollen bilden. Einige Pflanzen lasse ich extra aufschießen, um das Kraut in der Küche zu verwenden. Und vor allem freue ich mich immer, wenn die prächtigen Schwalbenschwänze mit ihren grellbunten Raupen im Garten auftauchen, die gerne am Fenchel knabbern. Allein für die Schwalbenschwänze lohnt es sich, jeweils ein paar Pflanzen stehen zu lassen.

Im Herbst kann man den Fenchel herunterschneiden, und mit etwas Glück und mildem Wetter treibt dann im Frühling nochmals frisches Grün aus.

Die würzige Verwandtschaft

Ganz egal wie der Sommer wird, Gewürzfenchel *(Foeniculum vulgare)* gedeiht immer gut. Dieser ist eine mehrjährige Staude, die bis 1,50 m hoch und gut 40 cm breit wird. An einem sonnigen Standort auf gut durchlässigem, nährstoffreichem Boden kommt er zuverlässig Jahr für Jahr wieder und wird auch immer größer. Besonders apart ist der Bronzefenchel *Foeniculum* 'Rubrum', dessen filigrane Blätter im Austrieb von bronzebrauner Farbe sind. Auch die ausgewachsenen Pflanzen haben noch einen bronzenen Schimmer auf ihren Blättern und bilden im Kräuterbeet einen wunderschönen Kontrast zu den grünen Stauden. Geschmacklich unterscheidet sich der Bronzefenchel nicht vom grünen Gewürzfenchel. Aus beiden kann zudem ein angenehmer, den Magen und die

Nerven beruhigender Tee gewonnen werden, und zwar sowohl aus den Samen als auch aus dem frischen Kraut.

Ernten und verwenden

Fenchelknollen sind am zartesten, wenn sie in möglichst kurzer Zeit wachsen, das heißt zu Sommerbeginn. In der übrigen Zeit eignen sich aber auch die Blätter für die Küche. Fein geschnitten können sie für Salate und Fischgerichte verwendet werden. Insbesondere für Getreidesalate wie Couscous, Bulgur oder Reissalat eignet sich eine großzügige Handvoll fein geschnittener Gewürzfenchel. Frisches Fenchelkraut peppt auch gewöhnliche grüne Salate auf. Die meisten Kinder lieben den süßen Anisgeschmack. Und natürlich sind auch Fenchelsamen immer gut. Traditionell werden sie für magenberuhigende Tees verwendet. Auch stillende Frauen trinken gerne Fencheltee. Die Samen werden dazu im Herbst geerntet und getrocknet. Fenchelsamen eignen sich außerdem als Gewürz, das insbesondere fettige Speisen besser zu verdauen hilft.

FISCH
MIT FENCHEL UND SAFRAN

Was ich brauche

2 Schalotten
1 EL Olivenöl
200 ml Weißwein
100 ml Fischfond
1 Lorbeerblatt
Salz, Pfeffer aus der Mühle
1 Briefchen Safranfäden
4 kleine Gartenfenchel oder 2 größere Fenchelknollen mit Blättern
2 Trüschen (Quappen) oder ersatzweise Felchenfilets oder ganze kleine Felchen
Salz, Pfeffer aus der Mühle
1 Zitrone, Saft
Worcestersauce
Mehl
Butter

Und so mache ich es

Die Schalotten fein hacken, im Olivenöl andünsten und mit dem Wein ablöschen. Den Fischfond (oder Wasser), das Lorbeerblatt, Salz und Pfeffer zugeben. Alles 10 Minuten köcheln lassen. Zum Schluss die Safranfäden zugeben und alles gut mischen.

Den Fenchel in Spalten schneiden und in Olivenöl leicht anbraten, um die Süße zu reduzieren.

Die Fische mit Salz, Pfeffer, Zitronensaft und einem Spritzer Worcestersauce würzen. Den Fisch in Mehl wenden und in geschmolzener Butter 10 Minuten goldgelb braten.

Fenchel und Fenchelkraut auf die Teller geben, die Fische darauflegen, mit dem Safranfond übergießen und sofort servieren.

Tipp: Fischfond selber herstellen

Gräten und andere Fischabfälle, wenig Sellerie, Lauchreste, 1 Lorbeerblatt, 1 Zwiebel und 200 ml Weißwein 20 Minuten kochen, absieben und beiseitestellen. Der Fischfond kann gut portionsweise eingefroren werden.

Tipp: Vegane Alternative

Ein Safranrisotto mit gebratenem Fenchel, Fenchelkraut und Safranfond schmeckt auch ohne Fisch ausgezeichnet. Safran mit Fenchel ist eine mediterrane Traumkombination!

TOMATEN UND BASILIKUM

Eine große Schüssel voll überreifer 'Marianna's Peace'-Tomaten sowie ein paar kleinere Früchte, die ich als Setzlinge unter dem Namen 'Housis Gängwiegäng' geschenkt bekommen habe.

TOMATEN DIE QUAL DER WAHL

Ich sammle Tomaten. Wer einmal die faszinierende Vielfalt der Sorten, ihre Geschmäcke und Farben für sich entdeckt hat, wird so schnell nicht von ihnen lassen. Sie sind ein besonders dankbares Gebiet für gärtnernde Sammler, da es eine unendliche Vielfalt an Züchtungen gibt. Allein im letzten Sortenfinder von ProSpecieRara zählte ich fünf verschiedene Flaschentomaten für Sugo, 52 verschiedene Fleischtomatensorten wie die beliebten Sorten 'Ochsenherz', 'Berner Rosen' oder die gelbe Ananas-Tomate. Hinzu kommen 19 Sorten Kirschtomaten mit kleinen, süßen Früchten. Bei den Kirschtomaten bleibt die ganze Pflanze recht kompakt, weswegen sie sich auch bestens für die Kultur auf dem kleinen Großstadtbalkon eignen. Am liebsten ziehe ich sie in großen Tomatenbüchsen, wie man sie bei italienischen Restaurants bekommt. Einfach Löcher in den Boden schlagen, damit überschüssiges Wasser ablaufen kann, Erde einfüllen und pflanzen! Dann gibt es in dem ProSpecie-Rara-Katalog noch 14 Sorten Salattomaten, worunter mir gerade die 'Quedlinburger Frühe Liebe' ins Auge sticht – ich habe schon manche Pflanze nur des Namens wegen ausprobiert. 'Wladiwostok' ist sicher auch draußen im Garten einen Versuch wert. Tomaten mit russischen Wurzeln haben oft den Vorteil, dass sie auch bei schlechtem Wetter noch etwas hergeben. Außerdem führt der Sortenfinder noch 14 Sorten sogenannter Rundtomaten, womit die klassischen Tomaten aus dem Supermarkt gemeint sind. Im Gegensatz zu diesen F1-Hybriden lassen sich die Rundtomaten von ProSpecieRara aber selbst durch eigenes Saatgut von Jahr zu Jahr weiter vermehren. Die marktüblichen F1-Hybriden hingegen entstehen durch ein kompliziertes Kreuzungsverfahren und können nicht selbst weiter vermehrt werden.

Tomatenkultur in Kürze

Tomaten können bereits Anfang März gesät werden. Dazu jeweils zwei bis drei Samen in ein Töpfchen mit Erde geben, aber nicht mit Erde abdecken, weil sie Lichtkeimer sind. Anschließend an einen hellen, warmen Ort, ins Gewächshaus oder auf einen sonnigen Fenstersims stellen. Ab Mitte Mai können die jungen Pflänzchen dann auf den Balkon oder ins Freiland gepflanzt werden. Eine Alternative sind auf dem Markt oder im Fachhandel gekaufte Setzlinge.

Sobald sie kräftig wachsen, brauchen die Tomaten ordentliche Stützen, damit sie nicht umkippen. Außerdem sollten stets die jungen Triebe in den Blattachseln entfernt werden, das heißt im Fachjargon ausgeizen. Versäumt man dies, bilden die Tomatenstauden viel zu viele Blätter und haben nicht mehr genug Kraft, um ordentlich schöne Früchte zu bilden. Und dann gibt es natürlich noch Hunderte von Tricks, die Tomaten schöner und schmackhafter werden lassen.

Tipp: Grüne und dunkellaubige Sorten

Für die Küche geht nichts über mehrfarbiges Basilikum! Bei den vielen Sorten fällt die Auswahl schwer: bei den Dunklen einfach eine mit möglichst dunklen Blättern wählen, und bei den Grünen empfehle ich den Küchenklassiker 'Genovese'. Dazu noch einen Griechischen Basilikum *(Ocimum minimum)* mit seinen winzigen, sehr aromatischen Blättchen. Und schon ist für Abwechslung gesorgt.

Der Trick mit dem Veredeln

Der vielleicht beste Trick, um wirklich fantastische, gesunde Tomaten heranzuziehen, ist der folgende: Ich kaufe im Mai junge veredelte Pflanzen. Sie sind zwar teurer als die herkömmlichen Setzlinge, geben aber auch ein Vielfaches an Früchten her. Diese Tomatenpflanzen wurden wie Rosen oder Obstbäume auf starkwüchsigen Wurzelunterlagen veredelt. Der Unterschied ist enorm, und die veredelten Tomaten können auch bei nicht so gutem Wetter problemlos draußen gedeihen, ohne dass sie krank werden. Inzwischen sind diverse gute Sorten in dieser Form erhältlich. Viele der alten Tomatensorten hingegen neigen dazu, eher mal zu faulen oder sonstige Tomatenkrankheiten und andere Probleme zu entwickeln. Und Tomatenprobleme gibt es bekanntlich fast so viele, wie es Tomatensorten gibt!

Tatsächlich existieren Tausende von Tomatensorten, und jedes Land, jede Region hat wiederum ihre eigenen Spezialitäten. Ich kultiviere jeweils einige veredelte Pflanzen, um im Fall eines schlechten Sommers auf der sicheren Seite zu sein und doch noch eigene Tomaten ernten können. Dazu gesellen sich meist etwa ein halbes Dutzend spezieller Sorten, die ich aus reiner Neugier und Interesse ziehe. Wäre ja langweilig, immer die gleichen Tomaten zu haben!

BASILIKUM
DER GÖTTLICHE KLASSIKER

Das klassische Basilikum ist eine kurzlebige Pflanze, an der sich so mancher Gartenneuling die Zähne ausbeißt. Aber eigentlich ist es gar nicht so schwierig. Basilikum wird auf einem sonnigen Fenstersims aus Samen herangezogen und gegen Ende Mai ins Freiland gebracht. Am besten wächst er in Tontöpfen an einem warmen, geschützten Standort. Somit ist Basilikum die klassische Balkon- und Fenstersimspflanze. Im Garten hat er oft etwas mehr Mühe, was aber nicht am Unvermögen des Gärtners liegt, sondern daran, dass Basilikum unser oft launisches Wetter nicht besonders schätzt. Ist es warm und trocken, wächst er bestens. Kühle und verregnete Sommer aber sind ihm ein Graus.

Wichtig ist, den Basilikum aus Samen selbst zu ziehen. Die eingetopften Pflänzchen, die im Supermarkt beim Gemüse angeboten werden, sind für den sofortigen Gebrauch gedacht. Oft ist bei ihnen die Erde auch voller Trauermücken. Dieses Zeug holt man sich besser nicht ins Haus! Lieber frisches Substrat verwenden und selber Basilikum säen.

Basilikum gehört zu den Lichtkeimern, die Samen dürfen also nicht mit Erde abgedeckt werden. Sie benötigen zum Keimen einen hellen, warmen Ort. Sobald die Pflänzchen etwa 12 cm groß sind, ernte ich die Triebspitzen. Dann verzweigen sich die Pflanzen und werden buschiger. Damit fahre ich den Sommer über fort, sodass die Pflanze möglichst nicht zur Blüte kommt.

Mehrjähriges Strauchbasilikum

Wer etwas mehr Platz hat, dem empfehle ich mehrjähriges Strauchbasilikum, das als Kübelpflanze auf dem Balkon gezogen und im Herbst ins Winterquartier gebracht wird. Neue, veredelte Züchtungen sind viel robuster, und wachsen mitunter zu über 1 m hohen und breiten Büschen heran. Wunderbar duftend für den Balkon, und auch bei den Bienen äußerst beliebt. Sehr attraktiv ist die dunkellaubige Sorte 'African Blue' mit ihren blauvioletten Blüten, die sich hervorragend zum Dekorieren aller möglichen Gerichte eignen, aber auch für wunderbar duftende Blumensträuße und attraktive Tischdekorationen.

Ein alter Kessel voller Aroma: junges Basilikum, Thymian (links) und glattblättrige Petersilie im Hintergrund. In den Boden solcher Kessel müssen unbedingt Löcher gebohrt werden, damit die Wurzeln nicht faulen.

SUPPE VON
ZERPLATZTEN ÜBERREIFEN TOMATEN

Was ich brauche

6 mittlere oder 4 große Tomaten (ca. 800 g)
4 EL Olivenöl
2–3 Knoblauchzehen
1 TL italienische Kräuter (frische Kräuter aus dem Garten oder eine gekaufte Mischung)
300 ml Wasser
Salz, Pfeffer aus der Mühle
6 Cherrytomaten
Basilikum, rot und grün

Und so mache ich es

Die Tomaten 1 Minute in kochendes Wasser legen, abschrecken und häuten. Dann halbieren, die Kerne entfernen und das Tomatenfleisch grob hacken.

2 EL Olivenöl in einer Pfanne erhitzen, die Knoblauchzehen dazupressen. Die italienischen Kräuter darüberstreuen und alles gut mischen.

Das Wasser dazugeben und alles 15 Minuten köcheln. Dann mit Salz und Pfeffer abschmecken und mit dem Mixstab pürieren.

Die Cherrytomaten waschen und in Scheiben schneiden.

2 EL Olivenöl erhitzen, die Tomatenscheiben kurz anbraten, herausnehmen und auf Haushaltspapier legen.

Die Basilikumblätter im restlichen Öl ganz kurz knusprig frittieren.

Die Suppe mit Tomatenscheiben und Basilikumblättern garnieren und sofort servieren.

Oben rote und grüne Basilikumsetzlinge, unten eine reife 'Marianna's Peace'.

ROSEN
UND PUFFBOHNEN

ROSEN BLÜTENZAUBER FÜR ALLE SINNE

Gartenanfänger schrecken oft vor Rosen zurück. Sie denken an Läuse, Mehltau und Sternruß. Sie befürchten, dass man Rosen ständig schneiden und spritzen muss. Also sagen sie sich: Finger weg! Der Ruf, schwierig zu sein, kommt von den Edelrosen, die man im vergangenen Jahrhundert in Monokulturen verhätschelt hat. Um sie hat sich eine regelrechte Kultur des Besserwissertums entwickelt, die heute noch in manchen altmodischen Rosenvereinen hochgehalten wird. Aber das ist wirklich Schnee von gestern. Heutzutage werden eher natürliche Strauchrosen und robuste Rambler bevorzugt. Diese müssen kaum geschnitten werden und eignen sich auch für naturnahe Gärten. Und wer Rosen mit dramatischen, duftenden Blüten liebt, der muss auch nicht mehr zur chemischen Keule greifen. Die Züchter haben in den letzten Jahrzehnten große Fortschritte gemacht und zahlreiche neue Sorten auf den Markt gebracht, die schön, robust und zudem gesund sind.

Und natürlich gibt es einige Klassiker, die sich mit der Zeit bewährt haben und noch heute begeistern. Dazu gehören die Sorten 'Schneewittchen', 'Bonica 82', 'Westerland' sowie die Kletterer 'New Dawn', 'Santana' und 'Super Dorothy'. 'Suters Gold', eine wunderbare edle Duftrose, und die kleinblütige 'The Fairy' bereiten ebenfalls viel Freude.

Tipp: Rosenschnitt

Rosen schneidet man immer bis zu einer gesunden Knospe zurück, sodass kein Zapfen stehen bleibt. Man schneidet dabei schräg vom Auge weg, damit die Knospe nicht fault. Schwache Triebe von Strauch- und Kletterrosen um die Hälfte einkürzen, so wird ihr Wachstum gefördert. Starke Triebe hingegen nicht schneiden. Wildtriebe, die unterhalb der Veredelungsstelle wachsen, ebenfalls nicht schneiden, sondern mit einem kräftigen Ruck herausreißen. Sonst wachsen sie noch stärker nach.

Keine Angst vor dem Schnitt

Robuste, gesunde Rosen verzeihen es auch, wenn Anfänger mal an der falschen Stelle etwas abschneiden. Das ist sowieso nie ein Problem, denn je mehr man schneidet, desto kräftiger wachsen sie in der Regel nach. Geschnitten wird immer so, dass die Knospen und damit die neuen Triebe nach außen gerichtet sind. So können sich luftige, harmonische Büsche entwickeln, die gesund bleiben. Merke: Rosen brauchen Luft und Licht! Wenn die Äste zu sehr ineinander wachsen und ein Dickicht bilden, sind sie anfälliger für Krankheiten. Auch sollten Rosen nicht direkt an eine heiße Mauer gepflanzt werden. Dort bekommen auch die besten Sorten Mehltau. Wichtig ist außerdem das richtige Pflanzen der Rosenbüsche. Hierfür nimmt man sich besser etwas mehr Zeit: ein möglichst großes Loch ausheben, die Erde gut lockern und die Wurzeln auseinanderzupfen, damit sie später nicht im Kreis herum wachsen. Rosen brauchen Platz. Darum gut einen Meter Abstand zwischen den einzelnen Büschen lassen, und auch Begleitpflanzen nicht näher als einen halben Meter dazupflanzen. Nach dem Pflanzen die Wurzeln gut einschlämmen und dann einfach wachsen lassen.

Strauchrosen, Floribundarosen, Kletterer und Rambler

Am besten schneidet man Rosen im Frühling, sobald die Knospen zu schwellen beginnen. Die richtige Zeit ist gekommen, wenn die Forsythien blühen und der Rasen wieder zu wachsen beginnt. Zu dem Zeitpunkt sieht man gut, welche Triebe erfroren sind, und schneidet diese bis ins frische Holz zurück. Dann schneide ich diejenigen Triebe, die nach innen wachsen heraus. Bei naturnahen

Strauchrosen und Floribundarosen schneide ich ansonsten nur weg, was im Weg ist, und während der Saison wird natürlich stets das Verblühte entfernt. Wenn die Rosensträucher in die Jahre kommen, kann man im November oder im Februar einzelne alte Triebe bodeneben heraussägen, um sie zu verjüngen.

Bei den Kletterrosen lasse ich nur so viele Haupttriebe stehen, wie benötigt werden. Für einen Bogen reichen zwei, drei starke Triebe. Um eine Fassade zubegrünen, befestige ich die besten Haupttriebe in regelmäßigen Abständen. Was zu viel ist, schneide ich bodeneben weg, damit kein Dickicht entsteht. Die Seitentriebe kürze ich auf vier bis fünf Augen ein. Bei den Ramblern hingegen wird nur totes Holz herausgeschnitten, und allenfalls entferne ich Triebe, die im Weg stehen, ansonsten lasse ich sie munter vor sich hin wuchern.

Bei klassischen Edelrosen und Beetrosen schneide ich im Frühling grundsätzlich alle Triebe auf vier bis fünf Augen über der Veredelungsstelle zurück, bei den Beetrosen lässt man die Triebe je nach gewünschter Größe etwas länger. Die Bodendecker im Frühling mit der Heckenschere flächig zurückschneiden. Ein Spezialfall sind die Hochstämmchen, die etwas frostempfindlich sind. Darum schneidet man vor dem Winter die Krone zurück und packt sie in ein Vlies ein, bevor es sehr kalt wird.

Die besten Rosen für die Küche

Rosen haben in meiner Küche einen festen Platz. Eine der besten Sorten für Sirup, Sorbet und andere Leckereien ist die Bourbonrose 'Mme Isaac Pereire' mit ihren großen, intensiv duftenden purpurfarbenen Blüten. Sie schmecken süß und typisch rosenartig. Die duftende persische Damaszenerrose 'Rose de Resht' eignet sich ebenfalls gut für die Küche. Auch die klassischen tiefroten Edelrosen sind eine gute Wahl, insbesondere stark

Die 'Chewy Chase' schlängelt sich munter am Maschendrahtzaum im Ateliergarten entlang.

Tipp: Puffbohnen und Rosen

Puffbohnen sind bei den Läusen äußerst beliebt. Daher säe ich immer einige in der Nähe meiner Rosen. Die vielen fetten Läuse ziehen die Marienkäfer magisch an. So sind sie dann schon vor Ort, bevor die ersten Läuse auf den Rosenknospen auftauchen.

duftende Züchtungen wie 'Papa Meilland' oder 'Baccara'. Voraussetzung ist aber, dass sie nicht mit giftigen Mitteln gespritzt werden. Also auf keinen Fall Rosen aus dem Blumenladen verwenden!

Im Prinzip lassen sich alle roten, purpurfarbenen und rosaroten Rosen gut verwenden. Je dunkler die Farbe der Blüten, desto intensiver gefärbt sind dann die Speisen. Zarte rosarote Blütenblätter wirken sehr delikat, wenn man sie am Schluss über das Gericht streut. Besonders gut duftet die robuste Rubiginosa 'Fritz Nobis' mit ihren wunderschönen romantisch gefüllten, lachsrosa Blüten.

Generell gilt: Pastellfarbene Blütenblätter verfärben sich von der Hitze rasch und bilden braune Flecken. Um ein heißes Gericht zu dekorieren, verwende ich deshalb möglichst dunkelrote oder dunkelpurpurfarbene Blütenblätter. Gelbe, orangefarbene oder weiße Blüten sehen als Dekoration gut aus, eignen sich aber weniger zum Kochen, da die Farbe meist in einem eher unappetitlichen beigfarbenen Ton endet.

Ernten und verwenden

Für das Schneiden von Rosenblüten gilt dasselbe wie für den Rosenschnitt: Stets eine saubere, scharfe Schere verwenden. Die Blüten werden so abgeschnitten, dass die Büsche schön weiterwachsen, das heißt, über einem nach außen zeigenden Auge. Also nicht einfach ohne Plan die Blütenköpfe abschnippeln. Es ist übrigens immer gut, die Rosen mit mindestens 10 cm Stiel zu ernten und gleich ins Wasser zu stellen. Am besten nimmt man einen Eimer oder ein Glas frisches Wasser mit in den Garten und stellt sie sofort ein. So können sie dann in der Küche warten, bis sie gebraucht werden, und wir freuen uns noch ein wenig an ihnen.

Intensiv rot leuchten die kleinen Blüten der 'Chewy Chase' (oben), hier zusammen mit Minzeblättern, in sanftem Rosa der Rambler 'Paul's Himalayan Musk' in seiner opulenten Blütenpracht (unten links). In der Blüte ziehen Puffbohnen (Mitte rechts) gerne Läuse an – zum Glück tauchen dann bald Marienkäfer auf, die diese vertilgen.

PUFFBOHNEN
LIEBLINGSGEMÜSE MIT KICK

Die leckerste aller Bohnen ist für mich die bei den Italienern so beliebte »Puffabona«, die Puff- oder Saubohne, auch Dicke oder Breite Bohne genannt *(Vicia faba)*. Ihre großen hellgrünen Kerne werden zubereitet wie Erbsen: also auskernen, fünf Minuten in etwas Wasser dämpfen, dann mit Butter und nach Lust und Laune mit Petersilie und Knoblauch servieren. Auf der Liste der kulinarischen Genüsse stehen sie bei mir ganz oben. Auch in der Schweiz gibt es alte Sorten der Puffbohne, allen voran die schwarze Lötschentaler Bohne, die von ProSpecieRara gerettet und nun wieder angeboten wird.

Ich säe meine Puffbohnen jeweils schon Anfang März unter Folie, dann sind sie reif, bevor die Läuse sich darüber hermachen. Die sind nämlich auch nicht dumm und wissen genau, was schmeckt. Kommen die Puffbohnen zu spät in Fahrt, werden sie regelrecht von den Läusen überfallen. Aber auch das kann man unterschiedlich betrachten. Ein Gartenfreund von mir nennt die Puffbohnen »Wiege der Marienkäfer«. Die vielen Läuse locken die Nützlinge an, und dann heißt es erst einmal Ruhe bewahren, und bloß nicht sofort ein Insektizid darüber spritzen. Sind erst einmal genug Marienkäfer im Garten, löst sich das Läuseproblem ganz von allein.

Ernten und verwenden

Die zähe weißliche äußere Schale der einzelnen Kerne wird entfernt, das Innere ist von einem leuchtenden Hellgrün. Für delikate Gerichte wird nur der hellgrüne Kern verwendet. Falls die Puffbohnen in Lasagne, Suppen oder anderen Gerichten verwendet werden, kann die weißliche Hülle auch belassen werden.

KANINCHENLEBER MIT
ROSENBLÜTENSAUCE UND PUFFBOHNEN

Tipp: Minze – aromatischer Wucherer

Minze kultivieren ist etwas vom Allereinfachsten. Es gibt Hunderte von interessanten Sorten mit unterschiedlichen Aromen. Sie gedeihen in einer halbschattigen Ecke oder auf dem halbschattigen Balkon. Aber Achtung: Minze wuchert. Darum entweder ein separates Minzebeet anlegen oder die Sorten einzeln in Töpfe von gut 40 cm Durchmesser pflanzen. Eine einzelne kleine Pflanze oder ein paar Stecklinge können innerhalb kurzer Zeit mühelos auch einen ganzen Waschzuber überwuchern.

Regelmäßig die Triebspitzen ernten; sie schmecken am besten. Auf diese Weise sorgt man dafür, dass die Stauden möglichst nicht blühen, denn sobald sie blühen, schmecken sie nicht mehr gut.

Was ich brauche

1 Handvoll rote oder purpurfarbene Rosenblüten
300 ml Vollrahm
300 g Puffbohnen (mit den Schalen gewogen)
Salz, Pfeffer aus der Mühle
1 Msp. Maisstärke (Maizena)
breite Nudeln oder andere Pasta
Butter
4–6 Kaninchenlebern, von Haut und Adern befreit
Pflanzenöl
1 Zweig frische Minze
2 Rosenblüten

Und so mache ich es

Die Rosenblüten über Nacht im Vollrahm einlegen.

Die Puffbohnen entkernen, weich kochen und mit kaltem Wasser abschrecken. Dann die Kerne aus der weißlichen Haut drücken und die Bohnen beiseitestellen.

Die Rosenblätter aus dem Rahm entfernen. Den Rahm mit Salz und Pfeffer würzen, erhitzen, die Maisstärke einrühren und 5 Minuten auf kleiner Flamme köcheln lassen.

Die Pasta in Salzwasser weich kochen und abgießen.

Die Puffbohnen hinzugeben und alles in Butter schwenken.

Die Kaninchenleber in heißem Öl 3–4 Minuten rosa braten. Am Schluss salzen und pfeffern.

Die Pasta mit den Bohnen und der Kaninchenleber auf der Rosensauce anrichten und mit den in feine Streifen geschnittenen Minzeblättern und Rosenblütenblättern garnieren.

ZUCCHINI UND KRÄUTER

ACHTUNG ZUCCHINISCHWEMME

Zucchini gibt es, so sie erst einmal richtig wachsen, immer überreichlich. Aber zumindest in der Stadt kann man sie gut verschenken. Auf dem Land muss man natürlich niemandem mit armdicken Zucchini kommen. Die ersten kleinen Früchte werden immer mit großer Begeisterung gegessen. Aber die Pflanzen hören nicht auf, immer neue Früchte zu produzieren. Und im Verlauf des Sommers kommt man mit der Ernte und dem Appetit nicht mehr nach und lässt sie einfach stehen. Und irgendwann findet man unter dem Dickicht der Blätter die berüchtigten dicken Riesenkeulen, die natürlich nicht mehr sonderlich zart schmecken.

Eine gelbe Zucchini mit Blüte. In diesem jungen Stadium geerntet schmecken sie am besten. Indem man die Früchte möglichst klein und regelmäßig erntet, beugt man auch der berüchtigten Zucchinischwemme vor.

Zu viel des Guten

Zucchini sind das ideale Gemüse für Gartenanfänger. Sie wachsen hemmungslos. Einmal über das Kinderstadium hinaus, den Schneckenattacken widerstanden und regelmäßig gegossen, beglücken sie einen den ganzen Sommer über mit mehr Früchten, als einem lieb ist. Mitunter passiert es nicht nur Hobbygärtnern, sondern auch gestandenen Bäuerinnen, dass ihnen die Zucchini schlicht über den Kopf wachsen und sie kaum mehr wissen wohin damit.

Tipp: Pflege im Sommer

Bei großer Trockenheit die älteren großen Blätter wegschneiden. Die Pflanzen verdunsten dann weniger Wasser. Von Mehltau befallene Blätter ebenfalls abschneiden und entsorgen. Anschließend etwas Kompost anhäufeln, um die Pflanzen zu stärken. Zucchini brauchen viel Nahrung, und der Kompost hilft auch, die Feuchtigkeit im Boden zu halten.

Wenn man also mit seinen Zucchini alles richtig gemacht hat und im Spätsommer mit kiloweise viel zu großen Früchten dasteht, gibt es Verschiedenes, was man damit anfangen kann. Erstens natürlich Ratatouille kochen. Das ergibt besonders dann Sinn, wenn man auch mit Tomaten, Paprika und Auberginen ein gutes Händchen gehabt hat. Dazu kommt büschelweise Oregano, der genauso verrückt wächst. Ein frisches Ratatouille aus eigener Ernte ist immer eine Gaumenfreude. Man kann es auch portionenweise einfrieren für den Winter. Zweitens kann man vor allem größere Zucchini in Scheiben schneiden, mit Olivenöl und viel Knoblauch einreiben und in Alufolie gewickelt auf den Grill werfen. Das schmeckt einfach fantastisch!

Und drittens ist ein Klassiker für die Verwertung überschüssiger Zucchinifrüchte ein etwas zweifelhaft schmeckendes Rezept: Mit Curry und Essig in Gläsern einmachen, eine hübsche Etikette darauf und verschenken. Aber bitte nicht an mich, da ich jahrelang viel zu viele davon geschenkt bekommen habe und diesbezüglich leicht traumatisiert bin. Ich esse sonst fast alles, was aus dem Garten kommt, außer anstelle von sauer eingemachten Curry-Zucchini gibt es meiner Meinung nach wesentlich bessere Rezepte und Methoden. Wer es dennoch versuchen möchte, der findet im Internet unzählige Anregungen dazu.

Die Sache mit den Samen

Schließlich sind da noch die Kerne. Bei reifen Zucchini sind sie groß und schön, dass man leicht in Versuchung kommt, sie zu trocknen und für die nächste Saison aufzubewahren. Normalerweise ist es kein Problem, eigenes Saatgut zu gewinnen. Aber bei Zucchini wie auch bei Kürbissen ist das etwas heikel. Viele Zucchinisorten sind nämlich Hybriden, die sich nicht aus Samen weitervermehren lassen. Und bei denjenigen, die fruchtbar sind, kann es passieren, dass sie sich mit Kürbissen oder anderen Sorten ungünstig verkreuzen. Das

Verschiedene Zucchinisorten im Garten

Zucchini *(Cucurbita pepo)* müssen nicht immer lang und grün sein. Interessanter und abwechslungsreicher wird es, wenn man auch ein paar gelbe Sorten kultiviert, die meist etwas kleiner bleiben als die grünen, und auch etwas zarter sind. Besonders lecker und leicht nussig-fruchtig schmecken die italienischen Keulen-Zucchini, die manchmal auch als Keulenkürbis angeboten werden. Besonders witzig sehen sie an einem größeren Rankgerüst aus, und sie sind für die Küche interessant, da sie kaum Kerne enthalten. Auch die kugelrunde 'Ronde de Nice' schmeckt gut und sieht lustig aus. Zucchini sind eng verwandt mit Kürbis *(Cucurbita maxima)* und Gurke *(Cucumis sativa)*. Eine kulinarische Überraschung sind die kugelrunden gelben Zitronengurken, die als Snack besonders erfrischend schmecken.

Tipp: Lavendel

Lavendel wird nach der Blüte geschnitten, dabei aber nur das Verblühte entfernen. Im Herbst die Sträucher um die Hälfte zurückschneiden. Sie treiben dann im Frühling frisch aus und bleiben schön kompakt.

Resultat sind Früchte, die durchaus normal aussehen und auch schmecken, die aber recht unbekömmlich oder sogar giftig sein können. Um dieses Risiko zu vermeiden, kaufe ich jeweils im Mai ein paar Setzlinge von verschiedenen Zucchini- und Kürbissorten. Da sie stark wachsen und zahlreiche Früchte bilden, braucht man nicht viele davon, und mit sortenreinen Pflanzen ist der Ernteerfolg garantiert.

Übrigens: Auch auf dem Balkon lassen sich Zucchini gut ziehen, vorausgesetzt, sie bekommen einen ordentlich großen Pflanzkübel und stets genug Wasser. Warum also nächstes Jahr nicht das eigene Ratatouille anbauen? Eigenes Saatgut von sortenfesten alten Tomatensorten lässt sich problemlos aufbewahren, ebenso von alten Paprika- und Auberginensorten. Und Oregano ist sowieso eine pflegeleichte mehrjährige Staude, die auch auf dem Balkon bestens gedeiht und immer gebraucht wird.

Kugelrund und gelb wachsen die Zitronengurken (oben) heran. Unten links Keulen-Zucchini aus Italien, rechts Oregano und im Hintergrund Thymian.

MEDITERRANE KRÄUTER FÜR ALLE FÄLLE

Egal ob auf dem sonnigen Balkon oder im Garten, mediterrane Kräuter gedeihen eigentlich immer und sind pflegeleicht. Wie jede Pflanze brauchen sie die richtige Erde, den richtigen Standort, genug Wasser, Licht und Nahrung. Sind diese Grundbedingungen erfüllt, kann nicht mehr viel schief gehen. Und dann gilt es schon bald, nur noch regelmäßig zu ernten.

Besonders einfach zu kultivieren sind mediterrane Kräuter wie Majoran, Oregano, Thymian, Salbei, Lavendel, Rosmarin, mehrjähriges Bohnenkraut, Lorbeer und Currykraut. Gartenneulinge können nicht viel falsch machen, und wenn die Kräuter mal ein, zwei Tage kein Wasser bekommen, lassen sie auch nicht gleich die Köpfe hängen. Mediterrane Kräuter kommen stets an die Sonne. Sie schätzen einen warmen, geschützten Standort und wachsen auch in einer Kräuterspirale oder über einem Steinmäuerchen gut. Für einen heißen Balkon sind sie perfekt. Im Topf brauchen sie Kräutererde und eine gute Drainage. Also wird in die Gefäße erst einmal eine Schicht Blähton gefüllt, damit die Wurzeln nicht faulen, falls es einmal zu nass wird. Und stets große Abzugslöcher in die Gefäße bohren, falls alte Zinkwannen oder Holzkisten zum Bepflanzen verwendet werden. In größeren Kistchen und Kübeln oder auf einem Hochbeet können die verschiedenen mediterranen Kräuter bestens kombiniert werden, sie vertragen sich gut untereinander. Ich pflanze sie gern in alte Holzkistchen und setze noch ein paar Nelken und Verbenen als Farbtupfer dazu. Auch Pelargonien lassen sich gut mit Kräutern kombinieren, da sie die gleichen Bedürfnisse haben, wie die südländischen Kräuter. Für gießfaule Gärtner gilt: Lieber nur wenige, größere Gefäße mit mehreren Kräutern und Blumen bepflanzen, als zu viele kleine Einzeltöpfe aufstellen. Große Gefäße trocknen nicht so schnell aus.

GRÜNE UND GELBE ZUCCHINI
MIT SALSA VERDE

Pochierte Kürbis- oder Zucchiniblätter

In Malawi bereitet man traditionell aus Kürbis- oder Zucchiniblättern das Gericht Nkwani zu. Dazu wäscht man etwa 500 g Blätter, entfernt die Stängel und schneidet den Rest in feine Streifen. Nun die Blätter in Wasser aufkochen, salzen und pfeffern. Anschließend zwei gehackte Tomaten und eine gehackte Zwiebel dazugeben, 20 Minuten auf niedriger Flamme garen und mit Salz und Pfeffer abschmecken.

Was ich brauche

1 gute Handvoll beliebige Gartenkräuter (Petersilie, Oregano, Basilikum, Thymian usw.)
1 EL Kapern
2 Knoblauchzehen
1 EL Sardellenpaste
Olivenöl
Salz, Pfeffer aus der Mühle
je 1 mittelgroße gelbe und grüne Zucchini oder 2–3 kleine Zucchini

Und so mache ich es

Die Kräuter waschen, trocken schütteln und fein schneiden. Die Kapern in einem sauberen Tuch ausdrücken und ebenfalls fein schneiden.

Den Knoblauch pressen. Die Sardellenpaste dazugeben und mit etwas Olivenöl alles gut verrühren. Die Salsa mit Salz und Pfeffer abschmecken.

Die Zucchini waschen und in mundgerechte Stücke schneiden. In einer Schüssel mit Olivenöl und etwas Salz gut mischen. In der Bratpfanne 5–10 Minuten braten. Zusammen mit der Kräutersauce servieren.

BEGONIEN

BEGONIEN KÜCHENEXPERIMENTE FÜR GOURMETS

Begonien gelten sehr zu Unrecht als altmodische Haus-, Beet- oder Friedhofpflanzen. Tatsächlich sind sie äußerst vielfältige Gewächse, die immer wieder zu neuen Experimenten einladen. Und was hierzulande kaum jemand weiß: Sowohl die Blätter als auch die Blüten eignen sich für leckere, vitaminreiche Snacks. In vielen Ländern Südamerikas sowie in Asien werden Begonien auch als Gemüse zubereitet, sei es gekocht, frittiert oder einfach roh genossen als Salat.

Eine namenlose Knollenbegonie, die mal jemand vorbeigebracht hat. Ihre Blüten schmecken wie Sauerklee.

Überlebenskünstler mit Schattendasein

Lange galten sie als verstaubte Großmutterpflanzen, und tatsächlich findet man sie oft in öffentlichen Rabatten und auf Friedhöfen. Das spricht aber nicht gegen die Begonien, ganz im Gegenteil. Es zeigt vielmehr, wie genügsam sie sind: pflegeleicht und dauerblühend, wobei sie sich auch noch selbst reinigen. Die Frage ist nur, wie sie kombiniert und verwendet werden. Und da heißt es eben experimentieren. Oft hört man die Klage, in schattigen Blumenbeeten blühe nicht viel Buntes. Ein klarer Fall für Begonien! Warum nicht mit Farnen und Funkien kombiniert? Auch für einen schattigen bis halbschattigen Balkon eignen sich diese dankbaren Gewächse. In der letzten Saison habe ich meine Himalaya-Birke auf dem Balkon mit Knollenbegonien *(Begonia x tuberhybrida)* und Seggen unterpflanzt, was wirklich sehr hübsch ausgesehen hat. Im Stadtgarten schmuggelte ich einige lachsfarbene Begonien, deren Blätter nicht mehr viel hergaben, neben den Rhabarber ins Beet. Da ich den Rhabarber gut mit Kompost versorge, hat sich auch die Knollenbegonie prächtig entwickelt.

Bisher habe ich nirgends Hinweise darauf gefunden, dass die Knollen essbar wären, also packe ich sie im Herbst mit meinen Dahlien und Gladiolen lieber zum Überwintern in einen frostfreien Keller, als sie im Selbstversuch auszuprobieren. Besonders appetitlich sehen sie sowieso nicht aus. Bei besonders großblütigen Sorten ist es sogar so, dass nicht nur die Pflanzen, sondern mit etwas Glück auch die Blüten von Jahr zu Jahr noch größer werden. Im März weckt man sie dann aus dem Winterschlaf und topft sie in frisches Substrat ein. Bis zum Mai bleiben sie auf einem hellen Fenstersims oder im Gewächshaus, wo sie sich gut entwickeln.

Riesige Vielfalt

Begonien sind eine äußerst vielfältige Pflanzengattung. Weltweit gibt es über tausend Arten und unzählbar viele Züchtungen. Die meisten Arten stammen aus tropischen und

Tipp: Kultur von Begonien

Begonien mögen Schatten bis Halbschatten. Direkte Sonne schadet ihren Blättern. Beim Gießen braucht es etwas Fingerspitzengefühl: nicht zu viel und nicht zu wenig. Die Erde sollte stets feucht sein; wenn sie zu nass ist, faulen die Knollen.

Von nichts kommt nichts: Begonien regelmäßig mit flüssigem Biodünger versorgen, sodass sie bis zum Frost durchblühen.

subtropischen Gegenden Asiens, Afrikas und Südamerikas. Damit sind sie natürlich auch hervorragend als Zimmerpflanzen geeignet. Tatsächlich wird bei uns vor allem die Art elatior (*Begonia x elatior* hort.) im Zimmer gezogen. Sie ist im Gartenfachhandel in diversen Farben erhältlich, darunter auch leuchtendes Rot, Gelb und intensive Pinktöne, aber natürlich auch Weiß und viele Pastellvarianten. Bei guter Pflege blüht sie im Zimmer den ganzen Winter hindurch.

Besonders beliebt ist hierzulande die Eisbegonie (*B. cucullata*, ehemals *B. semperflorens*), die man landauf, landab als Beet- und Friedhofpflanze sehen kann. Eigentlich ist es eine mehrjährige Pflanze, da sie aber günstig und in großer Masse produziert wird, behandelt man sie meist als einjährige Pflanze und wirft sie im Herbst weg. Ich pflanze immer einige von ihnen in einen hübschen Topf und kultiviere sie über den Winter an einem nicht zu warmen Ort im Haus weiter.

Essbare Blüten und Blätter

Vielleicht fristen Begonien als Beet- und Friedhofpflanzen ein solches Randdasein, weil kaum jemand weiß, wie gut sie als Salat und Gemüse schmecken. Auch die Blüten können vielfältig verwendet werden. Je nach Farbe und Sorte schmecken Begonien erfrischend knackig nach Apfel oder Zitrone, manche haben sogar eine pikante Note. Damit laden sie auch in der Küche zu Experimenten ein. Auf manchen Websites geistert das Gerücht herum, Begonien seien krebserregend, aber diese Einträge beruhen – wie so viele Gartengerüchte im Internet – auf einem Fehler. Tatsächlich werden Begonien in vielen asiatischen und südamerikanischen Ländern seit jeher roh oder gekocht als Gemüse in unzähligen Varianten verwendet. Besonders interessant ist die frittierte Version aus Paraguay: In Öl gebacken, werden die Blätter ganz schwarz und ergeben einen leckeren Snack. Und in Mexiko gibt man die Blüten gern den Kindern zu essen, weil sie reich an Vitamin C sind. Zuerst sollte man sich aber vergewissern, dass sie nicht mit Gift gespritzt wurden. Um sicherzugehen, ziehe ich sie wie alle meine essbaren Blüten selbst auf dem Balkon und im Garten.

Ernten und verwenden

Als Beigabe zum Salat schneide ich die saftigen jungen Begonienblätter einzeln ab. Auch größere Blätter wandern in den Salat, sie schmecken nur etwas herber. Damit die Pflanzen schön buschig weiterwachsen, können auch gelegentlich ganze Triebe um die Hälfte eingekürzt werden. Grundsätzlich ist es bei Begonien besser, nicht die ganze Pflanze auf einmal abzuschneiden, da sie dann manchmal nicht mehr ausreichend Kraft hat, neu auszutreiben. Als Faustregel gilt: etwa ein Drittel der Triebe um die Hälfte einkürzen, und dann eine Weile warten, bis die Pflanze wieder nachwächst. So können über Monate immer wieder einige Begonienblätter geerntet werden. Die Blüten können abgeknipst werden, sobald sie aufblühen, und werden als Dekoration verwendet. Der Pflanze schadet das nicht. Im Gegenteil: Je mehr Blüten entfernt werden, desto mehr neue Blüten bilden sich.

Apropos putzen: Die Blätter wasche ich ganz normal wie Salat. Die Blüten werden nur, wenn es nötig ist, etwas abgebraust. Etwaige Insekten entferne ich mit einem kleinen Pinsel oder schüttle die Blüten einfach aus. Aber Vorsicht: Sie sind empfindlich, und die hellen Exemplare bekommen rasch unappetitliche braune Flecken.

BEGONIENBLATTSALAT MIT BEGONIENBLÜTEN UND MARINIERTEM FISCH

Was ich brauche

300 g festes weißes Fischfilet (am besten Seeteufel, Zanderfilet geht auch)
1 Handvoll frisch geerntete Begonienblätter
einige hübsche frische Begonienblüten

Für die Marinade:
2 Limetten, Saft
1 TL gemahlener Koriander
2 Msp. Chilipulver

Für die Salatsauce:
1 EL Apfelessig
2 EL Rapsöl
Salz und Pfeffer aus der Mühle

Und so mache ich es

Am Tag vorher

Für die Marinade den Limettensaft mit Koriander und Chili gut verrühren. Wichtig: Kein Salz in die Marinade geben, da sie sonst Wasser zieht!

Den Fisch waschen, trocken tupfen, in mundgerechte Stücke schneiden und über Nacht in der sauren Marinade einlegen. So wird der Fisch durch die Säure praktisch vorgegart und ist dann schön weiß.

Am folgenden Tag

Für die Salatsauce Apfelessig, Rapsöl sowie etwas Salz und Pfeffer gut verrühren und beiseitestellen.

Den Fisch aus der Marinade nehmen, abtupfen, etwas salzen und schön auf Tellern anrichten.

Die Begonienblätter um den Fisch herum verteilen und mit der Salatsauce beträufeln. Zum Schluss mit den Begonienblüten dekorieren und servieren.

REBEN
UND MALVEN

WEINREBEN
VIELSEITIGER, ALS MAN DENKT

Weinreben (*Vitis vinifera* und Hybriden) sind an sich große Überlebenskünstler, sie kommen mit Trockenheit, magerem Boden und allerlei Schädlingen klar. Lässt man sie gewähren, klettern sie gut und gern 10 m hoch, manchmal werden die Triebe sogar bis zu 30 m lang. Aber richtig gute, süße Trauben zu kultivieren, ist natürlich nochmals etwas anderes, als einfach eine Rebe meterweit in alle Richtung wuchern zu lassen. Süße Früchte bilden sie nur an einem warmen, sonnigen Standort und wenn sie richtig geschnitten werden. Doch man kann eine Rebe durchaus auch im Halbschatten vor sich hinwachsen lassen und für die Küche einfach die Blätter ernten. Je nachdem, ob man vor allem die Blätter oder die Trauben ernten will, muss man eine Rebe ganz unterschiedlich kultivieren und sie auch anders schneiden.

Süße Weinbeeren zum Naschen ...

Wer Wert auf süße Trauben legt, der sollte einen einzelnen schönen Trieb auswählen und diesen vertikal aufbinden. Einzelne kräftige Seitentriebe zieht man an horizontalen Drähten. Alle überzähligen Triebe werden komplett weggeschnitten und im Spätsommer die horizontalen Triebe nochmals stark eingekürzt. Bei dieser Gelegenheit fallen natürlich auch jede Menge schöne Blätter für die Küche an.

Grundsätzlich gilt: Bei frisch gepflanzten Reben sämtliche Blüten bis auf zwei, drei entfernen. Erst nach mehreren Jahren, wenn die Rebenstöcke gut angewachsen sind, lässt man sie mehr Trauben bilden. Aber auch dann gilt: lieber einen Teil der Blütenstände entfernen. So werden die übrigen Trauben größer und auch süßer.

Reben können übrigens zu vielen verschiedenen Formen erzogen werden: als Spalier, als Mauerbegrünung oder als niedrige Einzäunung von Gemüsegärten. Auch an Balkonbrüstungen machen sie sich gut.

... oder Blattgemüse

Weinreben wachsen fast überall. Wer sie nur wegen der essbaren Blätter zieht, kann sie auch sehr gut im Halbschatten und sogar an einer nordseitigen Wand ziehen. Es braucht lediglich ein starkes Klettergerüst aus Drähten, das stabil an der Wand befestigt ist, da sich die Ranken nicht von allein an der Mauer festhalten können, und eine große Rebe mit der Zeit ordentlich Gewicht entwickelt.

Um Blätter zu ernten, kann man eine Rebe auch auf dem halbschattigen Balkon im Kübel kultivieren. Immer wieder die Triebspitzen mit den jungen Blättern abschneiden, dann bilden sich stets neue Triebe mit zarten, leckeren Blättern.

Ernten und verwenden

Die zarten Blätter können die ganze Saison hindurch geerntet werden. Sie welken jedoch rasch und sollten am besten direkt vor der Verwendung abgeschnitten werden. Ein Trick ist, die ganzen Blätter aufeinanderzustapeln und in ein feuchtes Küchentuch einzuwickeln, damit sie bis zur Verwendung frisch bleiben.

Rebenblätter können auch tiefgefroren werden. Dazu portionsweise flach aufeinanderstapeln und in einen luftdichten

Tipp: Reben auf dem Balkon

Reben sind tiefwurzelnde Pflanzen; einige Jahre können sie aber auch in einem recht hohen Kübel gedeihen. Wichtig: Sie brauchen dann gute, durchlässige Kübelpflanzenerde. Alle paar Jahre sollten sie in frische Erde umgetopft werden, dabei schneidet man auch die Wurzeln etwas zurück.

Tipp: Weinbeeren ernten

Die Beeren ernte ich, sobald sie reif sind. Da auch die Vögel die süßen Trauben lieben, empfiehlt es sich, einige Wochen vor der Ernte Netze über die Reben zu spannen.

Gefrierbeutel packen. Einmal aufgetaut, müssen sie dann sofort verwendet werden.

Eine andere Methode zur Haltbarmachung von Weinblättern ist, sie in Salzlake einzulegen und in Einmachgläsern aufzubewahren. Man kann sie auch trocknen: Dazu die Blätter mit einer Nadel auf einen Faden aufziehen und an einem schattigen, warmen Platz an der Luft trocknen lassen. Vor der Verwendung lege ich sie für 2–3 Minuten in kochendes Wasser und verarbeite sie dann wie frische Blätter.

In Griechenland werden Weinblätter traditionell mit Reis oder Hackfleisch gefüllt. Sie können aber auch in Gemüselasagne geschichtet oder als Zutat für Pies, Eintöpfe und Pfannengemüse verwendet werden. In diesem Fall braucht man sie auch nicht zu blanchieren.

MALVEN
EINFACH NUR SCHÖN

Stockrosen- oder Malvenblüten dürfen in keinem Küchengarten fehlen. Sie sehen wunderschön aus und lassen sich für alle möglichen Rezepte verwenden. Große Malvenblüten kann man mit Frischkäse oder anderen Zutaten füllen. Vor der Verwendung schneide ich lediglich die Blütenstempel heraus, da diese bitter schmecken.

Nicht nur die Blüten, sondern auch die Blätter sind für die Küche interessant. Viele Stockrosen sind allerdings anfällig für Rost, und dann möchte man sie natürlich nicht mehr essen. Inzwischen sind aber auch rost-resistente Sorten auf dem Markt, deren Laub den Sommer über schön gesund bleibt.

Eine versamte Stockrose *(Alcea rosea)*. Mit den Jahren bilden sich durch das Verkreuzen verschiedener Sorten von selbst immer neue Farben und Nuancen heraus.

Die zweijährige Stockrose

Die klassische Stockrose *(Alcea rosea)* ist eine zweijährige Pflanze. Sie versamt sich und erscheint dann oft von selbst wieder. Am liebsten wächst sie in Mauerritzen und entlang von Zäunen. Auch bei heißem Wetter kommt sie dank ihren tiefen Wurzeln ohne Wasser zurecht. Darum wird sie gern zum wilden Guerillagärtnern verwendet. Die Samen ernte ich jeweils gleich, sobald sie reif sind. Da sie recht groß und in handliche Hüllen verpackt sind, kann man gut eine Handvoll davon in der Hosentasche mit sich tragen und sie bei Bedarf hier und dort wild aussäen. Oft gehen sie dann schon im Spätsommer auf und bilden erste Blattrosetten, und wenn das Wetter gnädig ist, blühen sie bereits im darauffolgenden Jahr. Wenn man die Samen lagert und erst im nächsten Frühjahr aussäen möchte, muss man darauf achten, dass keine Käfer darin sind. Sie werden nämlich gern von einem dickmaulrüsslerartigen kleinen Käfer heimgesucht, der Löcher in die Samen bohrt, wodurch sie dann nicht mehr keimfähig sind.

Mehrjährige Strauchmalven

Sehr einfach zu kultivieren sind auch die Strauchmalven *(Malva sylvestris)* mit ihren wunderschönen purpurfarbenen Blüten. Es gibt verschiedene Züchtungen in Rosa- bis Lilatönen. Das klassische »Chäslichrut« ist zart pinkfarben. Es wird in der Schweiz so genannt, weil die Samen wie kleine Käselaibe aussehen. Sie werden seit jeher als Heilmittel für diverse Zwecke verwendet, insbesondere als Tee bei Husten und Halsweh sowie für Umschläge bei Entzündungen, Abszessen und Insektenstichen.

Strauchmalven wachsen an jedem sonnigen Standort und kommen jedes Jahr wieder. Sie versamen sich auch gerne. In einem größeren Kübel sind sie auch auf dem Balkon willkommen und gedeihen gut. Neben den hübschen essbaren Blüten sind auch die jungen Blätter für die Küche interessant, sie können in vielen Varianten für Salate, Suppen oder gekocht als Blattgemüse zubereitet werden.

GEFÜLLTE WEINBLÄTTER
MIT REIS, PINIENKERNEN UND FETAKÄSE

Was ich brauche

10–12 schöne, zarte Rebenblätter
1 kleine Tasse Rundkornreis
2 kleine Tassen Wasser
30 g Pinienkerne
70 g Fetakäse
Salz, Pfeffer aus der Mühle
einige Malvenblüten

Und so mache ich es

Die Rebenblätter waschen und 3–4 Minuten blanchieren, in Eiswasser abschrecken und auf ein Tuch legen. Die groben Rippen in der Mitte herausschneiden.

Den Rundkornreis im Wasser 15 Minuten gar kochen.

Die Pinienkerne grob hacken und ohne Öl in der Bratpfanne rösten, bis sie leicht gebräunt sind.

Den Fetakäse zerbröseln und mit den Pinienkernen unter den Reis mischen.

Alles zu einer kompakten Masse verrühren und mit Salz und Pfeffer abschmecken.

Mit einem Teelöffel die Füllung auf die Weinblätter legen und einrollen. Mit Malvenblüten oder anderen essbaren Blüten dekorieren.

STANGENBOHNEN

DAS INTERESSIERT MICH DIE BOHNE!

Bohnen sind eine großartige Bereicherung für jeden Garten: als Gemüse, als Sichtschutz oder als Zierpflanze und nicht zuletzt als Sammlerobjekt. Ich habe einen wahren Bohnentick und kann mit dem Sammeln und Säen von seltenen Bohnensorten nicht aufhören. Im Grunde könnten wir tatsächlich fast ausschließlich von Bohnen leben. Bohnen aller Art, dazu Kartoffeln, Reis oder Mais – die Lebensgrundlage von Millionen Menschen. Hierzulande rümpfen viele eher die Nase bei dem Gedanken, Bohnen zu essen, was natürlich ein Fehler ist. Kaum eine andere Pflanze schenkt uns bei so wenig Aufwand eine so gute, reichhaltige und gesunde Nahrung.

Bohnen light

Über die Kultur von Bohnen gibt es gar nicht so viel zu sagen, sie sind völlig einfach und unkompliziert. Sowohl Stangenbohne wie Buschbohne werden im Mai direkt nach den Eisheiligen in den Garten gesät, oder man zieht sie in Gefäßen im Gewächshaus vor. Eternitkistchen sind hierfür ideal oder kleine hohe Töpfe. Saatschalen eignen sich nicht, da sie meist zu flach für die Wurzeln der Bohnen sind.

Nach den letzten Frösten im Mai werden die vorgezogenen Pflänzchen in den Garten gepflanzt. Sie sind dann etwas schneller als diejenigen, die erst Ende Mai direkt ins Freiland gesät werden. Generell ist es sinnvoll, einen Teil vorzukultivieren und einen Teil direkt zu säen, so kann man über einen längeren Zeitraum hinweg ernten. Normal fruchtbarer Gartenboden genügt vollkommen, Bohnen brauchen auch keinen Dünger, da sie die Fähigkeit besitzen, Stickstoff aus der Luft zu binden. Darum sollten auch nach dem Abernten im Herbst die Wurzeln im Boden belassen werden. Der in ihnen gespeicherte Stickstoff steht dann im nächsten Jahr für die nachfolgenden Pflanzen zur Verfügung.

Die Schnecken interessieren sich normalerweise nicht für Bohnen, und es gibt außer Läusen auch sonst kaum Probleme mit ihnen. Im Mai direkt ausgesät, kann man sie ruhig sich selbst überlassen; das klappt normalerweise ohne Zwischenfälle. Da sie ordentliche Wurzeln bilden, müssen sie in aller Regel auch nicht gewässert werden. Auch in großen Kübeln auf dem Balkon kann man Bohnen gut ziehen. Dann muss allerdings regelmäßig gegossen und gedüngt werden. Mein Tipp: Feuerbohnen ergeben für den Balkon einen spektakulären Sichtschutz.

Ein Lob auf die Feuerbohne

Stangenbohnen *(Phaseolus coccineus)* sind ein Klassiker im Bauerngarten. Wie sie wächst auch die Feuerbohne wie der Blitz, ist immer gesund und macht keine Probleme. Sie verzaubert uns schon zum Sommerbeginn mit feuerroten Blüten, und etwas später in der Saison können wir zarte grüne Bohnen und leckere Kerne zum Trocknen ernten. Auch in den Städten sorgt die Feuerbohne für Furore und eignet sich bestens zum wild Aussäen (Guerillagärtnern). Es gibt kaum eine effizientere Pflanze, um auf die Schnelle ein Gartenproblem zu lösen. Eine einzige Tüte Feuerbohnensamen genügt, und schon verschwinden im Nu ganze Zäune oder eine hässliche Ecke im Garten unter ihrem dichten Blätterkleid. Und wo ein Zaun fehlt, reicht es, ein paar Dachlatten in den Boden zu schlagen, den Rest übernehmen die Bohnen selbst. Doch keine Angst: die Feuerbohnen wachsen einem nicht über den Kopf oder erobern gar den ganzen Garten. Mit dem ersten Frost ist der Zauber vorbei, denn Bohnen vertragen keine Minusgrade. Sie

Stangenbohnen bilden ein enormes Blätterdickicht. Hier kann nach Herzenslaune immer wieder geerntet werden.

werden prompt braun und sterben ab. Aber selbst dann lassen sie sich noch verwenden. Aus den getrockneten Ranken winde ich jeweils große Kränze, die einen wilden Naturcharme an die Haustüre zaubern. Und natürlich hebe ich jeweils eine Handvoll besonders großer, schöner Bohnen auf, um sie im nächsten Frühling wieder auszusäen. Bohnen sind äußerst dankbare Pflanzen, um eigenes Saatgut zu gewinnen, und natürlich sind sie auch zum Verschenken bestens geeignet. Ein selbst genähter kleiner Samenbeutel mit einer Handvoll Bohnen darin kommt immer gut an.

Bohnenvielfalt sammeln

Stangenbohnen sind für Pflanzensammler ein interessantes und dankbares Gebiet. Es kursieren unendlich viele Sorten, und die Bohnen selbst präsentieren sich mitunter mit wunderbaren Zeichnungen. Da gibt es die wild gesprenkelte 'Klosterfrau Vögeli', die gelben 'Posthörnli', die Sorten 'Kaiser Friedrich', 'Kolumbus' oder 'Berner Landfrau', nicht zu sprechen von den Engel- oder Monstranzbohnen, die mit den kleinen braunen Engeln auf den weißen Bohnen immer Freude bereiten.

Etwas ganz Besonderes für die Küche sind die dünnen zarten Spaghettibohnen aus Italien. Sie können bis zu einem Meter lang werden. Und zum Auskernen geht nichts über die klassischen Borlottibohnen. Auch von der 'Meraviglia di Venezia' bin ich begeistert, die wachsgelben Bohnen sind eine Delikatesse, und im Herbst können auch die schwarzen Kerne gut getrocknet und für den Winter aufbewahrt werden. Sehr lecker! Etwas für Feinschmecker sind die Posthörnchen, von denen es eine gelbe und eine grüne Sorte gibt.

Wer auf der Suche nach neuen Sorten ist, für den lohnt sich ein Blick in den Katalog von ProSpecieRara, oder man tauscht einfach Bohnen mit anderen Gartenfreundinnen und -freunden. Meist ist in den handelsüblichen Packungen sowieso viel zu viel drin; für eine Reihe Bohnen im Garten braucht man nicht mehr als zehn oder zwanzig Kerne. Ich ziehe lieber wenig von diversen Sorten. Das hat auch den Vorteil, dass sie dann nicht alle gleichzeitig erntereif sind.

Ernten und verwenden

Junge Bohnen kocht man als Ganzes, bei älteren Bohnen wandern nur die Kerne in den Kochtopf. Diese können natürlich auch getrocknet und als Wintervorrat aufbewahrt werden. In Afrika bereitet man auch aus den Blättern der Bohnenpflanzen ein Gemüse zu. Das ist sehr ergiebig und zudem sinnvoll, da die Bohnenstauden weitaus mehr Blätter als Bohnen bilden. Von den Blättern der Stangenbohnen könnte man eine halbe Armee mit frischem Blattgemüse versorgen. Und das Bohnenblättergemüse schmeckt zudem ausgezeichnet! Es hat einen guten Biss und ein wenig die Konsistenz von Federkohl. Vom Geschmack her ist es eher neutral und gar nicht bohnenartig. Gerade Vegetarier schätzen ein gesundes Blattgemüse, das nicht breiartig daherkommt. Und bekömmlich ist es dazu auch noch.

Auch Buschbohnenblätter lassen sich als Gemüse zubereiten. Nur sind Buschbohnen nicht so ergiebig wie Stangenbohnen.

Tipp: Immer wieder ernten

Feuerbohnen blühen unermüdlich, solange man die jungen Schoten regelmäßig erntet. Das regt die Pflanzen an, immer wieder neue Blüten zu bilden. So sind die Feuerbohnen über Monate hinweg das reinste botanische Perpetuum mobile. Wenn sie genug Wasser und Nahrung haben, vollführen sie das Kunststück auch im Kübel auf dem Balkon.

Tipp: Bohnenwurzeln überwintern

Eigentlich sind Stangenbohnen mehrjährige Pflanzen. Sie können im Herbst ausgegraben und in einer Kiste mit Sand oder Kompost frostfrei überwintert werden. Etwa Mitte April werden sie dann wieder ausgepflanzt. Sie treiben dann rasch aus und wachsen viel schneller als neu gesäte Pflanzen.

Feuerbohnen an Dachlatten hochgezogen: Der klassische Sichtschutz auf die Schnelle. Wenn die jungen Bohnen regelmäßig geerntet werden, blühen die Pflanzen über Monate hinweg.

BOHNENBLÄTTERSPINAT MIT SULTANINEN UND GETROCKNETEN TOMATEN

Was ich brauche

1 EL Sultaninen
100 ml Marsala
50 g in Öl eingelegte getrocknete Tomaten
400 g Bohnenblätter
1–2 EL Olivenöl
Salz

Und so mache ich es

Die Sultaninen über Nacht im Marsala einlegen, dann in ein Sieb geben und abtropfen lassen.

Die getrockneten Tomaten in feine Streifen schneiden.

Die Bohnenblätter waschen, fein schneiden, blanchieren und mit kaltem Wasser abschrecken.

Die Blätter zusammen mit den Sultaninen in Olivenöl etwa 15 Minuten weich dünsten, bis sie gut gar sind. Bei Bedarf noch etwas Wasser oder einen Schuss Marsala zugeben, damit das Gemüse nicht anbrennt. Mit Salz abschmecken. Die Flüssigkeit abgießen, die Bohnenblätter auf einem Teller anrichten und mit den getrockneten Tomaten garnieren.

GESCHMORTE BOHNEN MIT LAMMHAXEN

Was ich brauche

2 Lammhaxen à 250 g
2 EL Olivenöl
Salz, Pfeffer aus der Mühle
1 Zwiebel
3 Knoblauchzehen
1 Karotte
ca. 50 g Sellerieknolle
1 gehäufter TL Tomatenpüree
½ l Rotwein (Pinot noir, evtl. Reste)
300 ml Wasser
2 Lorbeerblätter
1 Nelke
400 g grüne Bohnen (große Stangenbohnen oder Buschbohnen)

Und so mache ich es

Die Lammhaxen waschen, trocken tupfen und in einem Gusseisentopf in etwas Olivenöl von allen Seiten gut anbraten. Die Haxen salzen und pfeffern, herausnehmen und beiseitestellen.

Zwiebel, Knoblauch, Karotte und Sellerie schälen und in kleine Stücke schneiden. Alles im zurückgebliebenen Öl 2–3 Minuten anrösten. Das Tomatenpüree unterrühren und 5 Minuten mitrösten. Mit dem Rotwein ablöschen und einkochen, bis die Hälfte der Flüssigkeit verdampft ist. Das dauert etwa 10 Minuten. 300 ml Wasser, die Lorbeerblätter und die Nelke dazugeben.

Die Haxen in den Gemüsesud legen und mit geschlossenem Deckel im Backofen bei 150 Grad gut 1 Stunde weich schmoren. Nach der Hälfte der Garzeit die Haxen wenden.

Die Bohnen gut blanchieren und mit kaltem Wasser abschrecken, dann nochmals 3 Minuten kochen.

Nach dem Ende der Garzeit die Haxen aus dem Kochtopf nehmen und die Bohnen unter die Gemüsesauce mischen.

Zum Servieren die Sauce auf Teller verteilen und die Haxen darauflegen. Mit Baguette oder mit Kartoffeln oder anderen gebratenen Knollen servieren.

MALABARSPINAT

Malabarspinat *(Basella alba)* ist mit seinen schwarzen Früchten eine äußerst dekorative Balkonpflanze. Vor allem aber schmecken die Blätter als Salat oder Gemüse. Die Früchte haben kaum Geschmack, ihr Saft kann aber als rote Lebensmittelfarbe verwendet werden.

INDISCHER SPINAT
ZUDRINGLICHER LECKERBISSEN

Malabarspinat *(Basella alba)*, auch Indischer Spinat oder Ceylonspinat genannt, ist eine der besten Entdeckungen für einen sonnigen, heißen Balkon. Der Malabarspinat gehört zu den Schlingmeldengewächsen, und schlingen tut er sich in der Tat! Er umrankt in kürzester Zeit ganze Balkongeländer und Zäune, dass es eine wahre Freude ist. Auch im Garten wächst er an einem warmen Standort üppig und schickt seine viele Meter langen Ranken in alle Richtungen. Meine Balkonpflanze ist sogar einige Meter zu den Nachbarn hinübergewachsen, die nach anfänglichem Zweifeln – »Was ist denn das für ein zudringliches Gewächs?« – mit Begeisterung davon geerntet haben. Keine Angst, die Pflanze wird nicht invasiv, beim geringsten Frost geht sie nämlich komplett ein. Überall in den Tropen wird das dankbare Gewächs als mehrjährige Gemüsepflanze kultiviert und regelmäßig gegessen. Wegen seiner Frostempfindlichkeit wird er bei uns stets wie eine einjährige Pflanze gezogen und im Frühling unter Glas oder aber im Mai direkt ins Freiland neu ausgesät. Malabarspinat schätzt einen möglichst warmen, windgeschützten Standort und sollte stets genug Wasser bekommen. Auch im Gewächshaus oder im Wintergarten macht er sich hervorragend.

Ernten und verwenden

Nach Bedarf einzelne junge Blätter abschneiden und frisch im Salat verwenden. Oder gleich die ganzen Triebspitzen ernten, dann verzweigt sich die Pflanze und wuchert in alle Richtungen. Je mehr man erntet, desto stärker wachsen die Triebe nach.

Ältere Blätter dämpfe ich und verwende sie in diversen Varianten als Gemüse. Die fleischigen Blätter lassen sich aber nicht lange aufbewahren, also immer nur so viel ernten, wie gerade gebraucht wird. Malabarspinat ist eine exklusive Delikatesse, die man weder im Laden noch auf dem Markt findet. Umso mehr lohnt es sich, ihn selbst zu ziehen.

Die schwarzen Beeren sind ebenfalls essbar, schmecken aber eigentlich nach nichts und eignen sich höchstens als Dekoration. Vor allem aber trockne ich immer welche und bewahre sie für das nächste Jahr auf. Sie lassen sich ganz leicht wieder aussäen und von Jahr zu Jahr weiterkultivieren.

MALABARSPINAT
MIT WACHTELEI

Was ich brauche

400 g Malabarspinat
1 Schalotte
1 Knoblauchzehe
Olivenöl
Salz, Pfeffer aus der Mühle
6 Wachteleier
Butter

Und so mache ich es

Den Malabarspinat waschen, blanchieren und kalt abschrecken.

Schalotte und Knoblauch fein hacken, in Olivenöl andünsten, dann den Spinat 3 Minuten darin wenden. Mit Salz und Pfeffer abschmecken.

Die Wachteleier 2 Minuten in Butter braten und zusammen mit dem Spinat servieren.

PASTINAKEN UND TARO

PASTINAKEN AROMATISCHES WURZELGEMÜSE

Pastinaken *(Pastinaca sativa)* sind ein winterhartes, robustes Gemüse. Die Wurzeln haben einen ganz eigenen, typischen Geschmack. Früher haben viele die Nase über sie gerümpft, und oft wurden sie auch nur den Tieren verfüttert. Heute gelten sie dank des Trends zurück zu alten Gemüsesorten als Delikatesse.

Kleine Pastinaken ernte ich jeweils schon im Sommer. So gibt es mehr Platz für die verbleibenden Pflanzen, die dann bis im November richtig große, schwere Rüben bilden.

Pastinaken haben eine außerordentlich lange Kulturzeit. Das heißt, sie werden zeitig im März, sobald das Wetter und die Bodenverhältnisse es erlauben, direkt ins Beet gesät. Idealerweise wird ein Beet früh mit schwarzer Folie abgedeckt, sodass es nicht zu nass ist und der Boden sich etwas erwärmt. Wie alle Pfahlwurzeln, können Pastinaken nicht verpflanzt werden, auch nicht im Jungstadium. Einfach säen, stehen lassen, wo sie aufgehen, und dann gilt es zu warten. Da sie langsam keimen, ist es sinnvoll, einige Radieschen dazwischen zu säen oder Salatsetzlinge daneben zu pflanzen. So weiß man ein paar Wochen später noch, wo man die Pastinaken gesät hat. Die Radieschen oder der Salat sind dann längst geerntet, bis die Pastinaken richtig loslegen.

Tipp: Pastinaken mit Blumen

Ich mische die langsam keimenden Pastinaken mit Ringelblumensamen *(Calendula)*. Auch andere einjährige Sommerblumen können unter die Pastinakensamen gemischt werden. Das ergibt ein buntes Beet und ist insbesondere bei ansonsten knappem Platz sinnvoll.

Im Frühsommer werden die Pastinaken gründlich ausgedünnt, wobei die Minipflanzen bestens für die Küche verwendet werden können. Später im Sommer wird nach Bedarf noch mehr ausgedünnt. Da die Pastinaken sehr groß werden, muss man darauf achten, dass sie nicht zu nahe beieinander stehen. In gutem, fruchtbarem Boden können die Wurzeln bis zu 30 cm lang und manchmal auch ziemlich dick werden. Da kann dann schon mal eine einzelne Pastinakenwurzel für eine ganze Mahlzeit reichen.

Noch etwas: Pastinakensamen haben eine kurze Lebensdauer. Man sollte sie nicht länger als eine Saison aufbewahren. Danach nimmt die Keimquote rapide ab.

Ernten und verwenden

Da Pastinaken sehr winterhart sind, lässt man sie am besten im Beet und erntet nur bei Bedarf. Das gilt aber nicht, wenn Mäuse vorhanden sind. Die mögen die saftigen Wurzeln nämlich ausgesprochen gerne. In diesem Fall müssen sie im Herbst geerntet und im Keller eingelagert werden.

Beim Ernten ist darauf zu achten, dass die Wurzeln nicht verletzt werden. Mitunter sind einzelne Wurzeln erstaunlich groß, was man den Pflanzen selbst nicht ansieht. Und schon hat man sie mit der Grabegabel oder dem Spaten zerteilt, was natürlich sehr ärgerlich ist. Sobald sie an die Luft kommen, verfärbt sich die verletzte Stelle rasch gelb. Das gilt auch beim Schälen: Bei Luftkontakt verfärben sich die Wurzeln. Am besten legt man sie bis zur Weiterverwendung in eine Schüssel mit lauwarmem Wasser.

Die Pastinakenblätter schmecken nach Sellerie mit einem interessanten Minzeton, den sie im Frühling noch nicht aufweisen. Im Herbst schmecken sie erst richtig und haben ordentlich Biss und Charakter. Ein vielseitig verwendbares, interessantes Kraut für die Küche, das zum Experimentieren einlädt!

Zur Ernte der Taroknollen werden zuerst die langstieligen großen Blätter entfernt (unten links), dann die Knollen sorgfältig mit einem scharfen Messer herausgeschnitten (rechts). Sie enthalten viel Stärke und lassen sich sehr vielseitig verwenden.

TARO EXOTISCHES KARTOFFELDOUBLE

Taro *(Colocasia esculenta)* ist eine robuste Pflanze mit sehr großen Blättern an langen Stielen. Sie gedeiht bei uns als Kübelpflanze und verleiht dem Balkon tropisches Flair und etwas Dschungelambiente. Wegen ihrer bis zu eineinhalb Meter lang werdenden Blätter wird sie auch Riesen-Elefantenohr genannt, wobei damit meist *Colocasia gigantea* gemeint ist. Für die Küche interessanter ist aber *Colocasia esculenta*. Auch sie wird ziemlich groß. Es ist schier unglaublich, dass sie ganz einfach und in kürzester Zeit aus einer Knolle heranwächst, die man im Frühling im Asialaden für ein paar Cent kauft. Taroknollen sind überall in den Tropen und Subtropen ein alltägliches Grundnahrungsmittel, und entsprechend günstig sind sie zu bekommen. Ursprünglich stammt die Pflanze wohl aus Indien, sie ist aber auch im mittleren Osten, in Ägypten und im Mittelmeerraum bekannt, bereits den alten Römern und Griechen war sie ein Begriff. Spanische und portugiesische Entdecker brachten sie dann nach Afrika und in die Neue Welt.

Für die Kultur als Kübelpflanze gibt es auch dekorative dunkellaubige Sorten, insbesondere *Colocasia* 'Black Magic' mit beinahe schwarzen Blättern, deren Knollen ebenfalls essbar sind. Im Kübel kultiviert und mit hellem Sommerflor unterpflanzt ein spektakulärer Hingucker. Manchmal säe ich auch einfach eine Tüte bunter Kapuzinerkresse darunter.

Wie kultivieren

Taro blüht fast nie. Sie wird seit Jahrhunderten vegetativ vermehrt und lässt sich auch daheim leicht aus Knollen ziehen und vermehren. Oft bilden sich an den großen Knollen im Herbst viele kleine Brutknollen, die einzeln eingepflanzt werden können. Allerdings müssen sie drinnen überwintert werden. Man kann sie auch gut als Hauspflanze an einem hellen Standort ziehen.

Ich lege jeweils eine Knolle in einen Eimer mit frischer Erde und gieße regelmäßig. Eine Freude, wie sich in kürzester Zeit die großen Blätter ans Licht schieben. In einem heißen Sommer wächst daraus eine spektakuläre Riesenpflanze heran. Nur ordentlich viel Wasser braucht so eine große Taropflanze, sie ist der reinste Schluckspecht!

Ernten und verwenden

Taroknollen werden in vielen tropischen und subtropischen Ländern wie Kartoffeln verarbeitet und gekocht oder frittiert, als Gratin, als Beigabe zu Currys oder in Desserts verwendet. In Hawaii stellt man eine Paste aus fermentierten Taroknollen her, Poi genannt. Sie ist sehr nahrhaft, zunächst süß und wird durch Fermentation nach einigen Tagen säuerlich und schmeckt dann besonders gut zu Fisch.

In vielen asiatischen Ländern werden auch junge Taroblätter verwendet, um Fisch und andere Zutaten einzurollen und darin zu garen. Die ganz jungen Blätter können auch als Gemüse zubereitet werden. Kurz bevor sie sich entrollen, schmecken sie angenehm zart. Aber viel leckerer sind die Knollen, die in vielerlei Hinsicht ein ausgezeichnetes Lebensmittel sind. Mit 107 kcal pro 100 g sind sie sehr nahrhaft, dazu eine gute Quelle für Vitamin C, Eisen und Phosphor, und ihre ausgesprochen kleinen Stärkekörner sind leicht verdaulich.

REISKÖPFCHEN MIT PASTINAKENBLÄTTERN UND JUNGEN PASTINAKEN

Was ich brauche

1 Schalotte
1 Knoblauchzehe
1 Tasse Risottoreis
Olivenöl
100 ml Weißwein
1–2 Tassen Gemüsebouillon
2 gute Handvoll Pastinakenblätter
2–3 kleine Pastinakenwurzeln (im Sommer diejenigen verwenden, die ausgedünnt werden, oder später in der Saison kleinere Pastinakenwurzeln, in feine Stäbchen geschnitten)
50 g Parmesan oder Sbrinz
ein paar Himbeeren oder essbare Blüten nach Lust und Laune zum Dekorieren

Und so mache ich es

Die Schalotte und die Knoblauchzehe fein hacken und mit dem Reis in etwas Olivenöl andünsten. Mit dem Weißwein ablöschen, 15 Minuten köcheln lassen und unter ständigem Rühren nach Bedarf Bouillon dazugießen, bis ein dicklicher, ziemlich fester Risotto entsteht (fester als normaler Risotto, um ihn stürzen zu können).

Die Pastinakenblätter kurz in Olivenöl andünsten und unter den Reis mischen. Den Käse reiben und ebenfalls daruntermischen.

Den Risotto in eine ausgebutterte Tasse oder in ein Förmchen füllen, gut festdrücken und auf Teller stürzen.

Inzwischen die Pastinaken kurz in Pflanzenöl braten und darauflegen. Mit Pastinakenblättern und Himbeeren oder Blüten garnieren und servieren.

GEBRATENES PASTINAKENKRAUT MIT TAROWURZELKÜCHLEIN UND APFELSAUCE

Was ich brauche

1 Schalotte
2 Äpfel (Boskop oder anderer guter Kochapfel)
1 EL Pflanzenöl
100 ml Weißwein
100 ml Gemüsebouillon
400 g Pastinakenblätter
1 mittelgroße Pastinakenwurzel

Und so mache ich es

Die Schalotte klein schneiden, einen der Äpfel in Stücke schneiden. Beides im Pflanzenöl andünsten und mit dem Weißwein ablöschen. Etwas Wasser und die Gemüsebouillon dazugeben.

Den zweiten Apfel in Stücke schneiden. Die Hälfte davon pürieren und dann mit den restlichen Apfelstücken mischen.

Die Pastinakenblätter kurz in Öl anbraten.

Die Pastinakenwurzel in sehr dünne Scheiben schneiden und in heißem Öl einige Minuten zu Chips frittieren. Mit Küchenpapier abtupfen und alles zusammen anrichten.

FUCHSIENBLÜTEN

FLIEDERFUCHSIE BOTANISCHES UNIKUM MIT BISS

Die Fliederfuchsie *(Fuchsia arborescens)* sieht auf den ersten Blick gar nicht aus wie die bekannte Schattenbalkon-Fuchsie mit ihren großen, tanzenden Blüten. Die Blütenstände sind zwar auch imposant, wobei sie aber eher durch die Menge der kleinen Blüten auffallen, die als Ganzes Wirkung entfalten. Die einzelnen Blüten aber sind winzig klein. Dafür bilden sich bald nach der Blüte an den Rispen dunkelblaue, bereifte Beeren, die aussehen wie Heidelbeeren und auch ähnlich schmecken. Das Interessante und Ungewöhnliche an der Fliederfuchsie ist, dass sie gleichzeitig blüht und Beeren bildet.

Die Fiederfuchsie stammt aus Mexiko und Zentralamerika und wird manchmal auch Mexikanische Baumfuchsie genannt. Tatsächlich wächst sie zu stattlichen Sträuchern und manchmal bis zu 8 m hohen Bäumen heran. Auch bei diesen großen Exemplaren tragen die oberen Rispen schon reife Beeren, während die unteren Rispen noch in voller Blüte stehen. Das Gleiche kann man auch bei jungen Pflanzen beobachten, die aus Stecklingen gezogen wurden. Man kann sie sogar selbst im Gewächshaus relativ leicht durch Steckhölzer vermehren und oft blühen sie dann schon im ersten Sommer.

Oben eine namenlose Gartenfuchsie mit essbaren Blüten. Eine Besonderheit der Fliederfuchsien: Sie bilden Blüten und Beeren gleichzeitig (rechte Seite).

Ideale Kübelpflanze

Fliederfuchsien sind immergrüne Sträucher, die nicht frosthart sind. Hierzulande eignen sie sich daher ideal als Kübelpflanzen auf der Terrasse sowie natürlich als stattliche Gewächse für den geheizten Wintergarten. Auch auf Fuchsienschauen sorgen große Exemplare immer wieder für Furore. Im Winter müssen sie zusammen mit den anderen südländischen Kübelpflanzen in ein frostfreies, helles Quartier gebracht werden.

Ansonsten gilt es bei der Kultur zu beachten, dass die Baumfuchsien im Gegensatz zu den üblichen Fuchsien einen sonnigen bis höchstens leicht halbschattigen Standort brauchen. Sie wollen sandige, gut durchlässige, mit viel Humus angereicherte Erde, und sie dürfen nie austrocknen.

Ernten und verwenden

Eine Besonderheit an dieser sowieso schon besonderen Pflanze ist, dass sie weiterblüht, während die ersten Beeren bereits reif sind. Tatsächlich sind im Herbst über Wochen sowohl reife Beeren wie gleichzeitig frische Blüten vorhanden, und beide sind essbar. Die Früchte schmecken heidelbeerartig, die Blüten leicht süßlich. Sowohl Beeren wie Blüten lassen sich kaum aufbewahren, sogar im Kühlschrank schrumpeln beziehungsweise welken sie rasch.

Übrigens: Auch die großen Blüten der normalen Fuchsien sind essbar. Sie enthalten süßen Nektar und eignen sich bestens zum Dekorieren von Desserts.

VANILLECREME MIT FLIEDERFUCHSIENBEEREN UND -BLÜTEN

Was ich brauche

300 ml Milch
½ Vanilleschote, aufgeschlitzt
60 g Zucker
3 Eigelb
1 Handvoll reife Fliederfuchsienbeeren (ersatzweise Heidelbeeren oder andere Beeren)
1 Handvoll Fliederfuchsienblüten (ersatzweise Rosenblütenblätter, Salvienblüten oder andere süß schmeckende essbare Blüten)
Schlagrahm nach Belieben

Und so mache ich es

Die Milch und die Vanilleschote aufkochen, 5 Minuten auf kleinster Flamme köcheln, dann leicht abkühlen lassen.

Den Zucker und die Eigelbe beigeben und schaumig rühren.

In der Pfanne vorsichtig auf etwa 80 Grad erwärmen, bis die Creme bindet; sie darf aber nicht kochen, da sonst das Eigelb gerinnt. Die richtige Temperatur ist erreicht, wenn die Creme leicht angedickt auf der Löffelrückseite liegen bleibt.

Die Creme abkühlen lassen und nach Belieben geschlagenen Rahm unterziehen. In Schalen anrichten und mit Beeren und Blüten bestreuen.

Tipp

Wer keine Fliederfuchsien im Garten oder auf dem Balkon hat, kann auch die Blüten von gewöhnlichen Fuchsien verwenden. Die kleinblütigeren Sorten schmecken meist süßer und besitzen etwas Nektar.

Verschiedene Fuchsienzuchtformen. Ihre Blüten sind alle essbar. Für das Rezept haben wir die zarten Fliederfuchsien verwendet.

ARTISCHOCKEN UND KARDY

ARTISCHOCKEN KULINARISCHES BLÜTENWUNDER

Mit hausgemachter Mayonnaise genießen oder doch lieber die Blüten aufgehen lassen und sie bis zum Herbst im Garten bewundern? Bei der Artischocke ist diese Frage gar nicht einfach zu beantworten. Blühende Artischocken sind die reinste Augenweide. Und die Bienen sind ebenfalls ganz begeistert davon, sie baden geradezu in den lilafarbenen Blütenfäden.

Mediterrane Schönheit: eine blühende Artischocke.

Wärme und Mist

Mit Artischocken *(Cynara scolymus)* habe ich eine ziemlich glückliche Hand. Eselsdisteln, Kardy, Artischocken und andere mehrjährige Distelgewächse können es gut mit mir. Am Boden kann es nicht liegen, denn ich habe schon in den verschiedensten Gärten Distelgewächse gezogen. Vielleicht liegt es daran, dass ich sie so sehr liebe, dass sie fast nicht anders können, als meine Zuneigung mit den prächtigsten Blüten zu erwidern. Im Garten muss man nicht alles wissen und verstehen. Manche Dinge geschehen einfach: Als schwierig geltende Pflanzen gedeihen einfach, weil es ihnen gerade passt. So tue ich auch nicht viel für meine Artischocken. Vielleicht mögen sie genau das, einfach mehr oder weniger in Ruhe gelassen zu werden. Ich schneide sie lediglich im November zurück, gebe etwas Stroh auf die Kronen, damit sie nicht faulen, und kippe ihnen eine ordentliche Portion Eselsmist auf die Füße. Wärme mögen Artischocken gerne, und Mist heizt bekanntlich nicht nur das Weltklima auf, sondern sorgt im Fall von mediterranen Pflanzen durchaus wohlwollend für die entscheidenden paar zusätzlichen Temperaturgrade. Aber ja nicht zu dicht einpacken, sonst faulen sie. Wer keinen Esel im Bekanntenkreis hat oder sowieso vegan gärtnert, kann übrigens statt Mist auch Kompost verwenden.

Außer dem Eselsmist, meinem Super-Allerwelts-Gartenmittel für fast alles, tue ich aber wirklich nicht viel dazu. Natürlich habe ich aber schon ein Auge darauf. Ab Mai wasche ich mit dem Wasserstrahl regelmäßig Läuse und Ameisen von den Blättern und später von den Knospen. Und ab und zu jäte ich etwas, damit die Artischocken keine unerwünschte Konkurrenz haben. Im Frühling säe ich noch Schnittsalat darunter, das funktioniert ganz gut. Im Sommer lässt das üppige Blattwerk der Artischocken kein Licht mehr durch für andere Pflanzen.

Ernten und verwenden

Bei der Artischocke werden die noch ungeöffneten Blütenköpfe mit einem scharfen Messer abgeschnitten. Unreife Knospen können als Ganzes gekocht und gegessen werden. Das sind in aller Regel auch diejenigen, die man in Öl eingelegt im Glas kaufen kann. Bei größeren Artischocken zupft man die äußeren Blätter ab, tunkt sie in Mayonnaise, eine Kräutervinaigrette oder einen Joghurt-Kräuter-Dip und streift das Fleisch am Blattansatz mit den Zähnen ab. Anschließend werden die »Haare« (das sogenannte »Heu«) im Innern der Blüte sorgfältig entfernt, sodass die eigentliche Delikatesse zum Vorschein kommt: der Artischockenboden.

Tipp: Artischocken und Kardy überwintern

In kälteren Gegenden müssen Artischocken den Winter über mit Stroh und Laub abgedeckt werden. Dazu braucht es aber etwas Fingerspitzengefühl, damit ihr Herz nicht verfault. Mitunter ist es daher besser sie auszugraben und im Keller kühl, dunkel und frostfrei zu überwintern. Kardy können kalte Winter etwas besser vertragen als Artischocken. Meist überstehen sie auch längere Kälteperioden im Freien unbeschadet.

Die stattlichen Kardypflanzen (unten rechts) werden mit Papier oder Jute umwickelt, um die Stiele zu bleichen. Oben Kardyblüte, unten links blühende Estragontagetes.

KARDY
DER GROSSE BRUDER

Artischocke und Kardy sind eng miteinander verwandt. Die Kardy hat stachelige Blätter und kann gut 2 m hoch werden. Artischocken werden etwa 80 cm breit und hoch. Die Blüten können bis zu 15 cm Durchmesser erreichen. Im jungen Stadium sind Artischocken und Kardy nur schwer voneinander zu unterscheiden, die Setzlinge sehen praktisch identisch aus.

Was die Kultur im Garten angeht, ist die Kardy *(Cynara cardunculus)* etwas frosthärter als die Artischocke. Ansonsten unterscheidet sich die Kultur nicht voneinander. Also etwas Mist und/oder Kompost geben und in Ruhe lassen.

Von Artischocken werden vor allem die Blüten gegessen, von der Kardy hauptsächlich die Blattrippen. Aber auch die Kardyblüten sind essbar, sie sind einfach viel kleiner als die Artischockenblüten und enthalten daher auch einen kleineren Blütenboden. Auch Artischockenstängel sind essbar, wenn man sie wie Kardy bleicht.

Sowohl Artischocken wie Kardy mögen durchlässigen, aber fruchtbaren Boden. Beide wollen einen sonnigen Standort, geschützt vor kalten Winden. Nasse Winterböden sind ihr größtes Problem.

Artischocken aus Samen zu ziehen ist eigentlich nicht schwer, aber die Pflanzen brauchen etwas Zeit. Im ersten Jahr schneide ich die Blütenknospen erst einmal weg, sodass die Pflanze zu einer kräftigen Staude heranwachsen kann. Etwas Flüssigdünger während der Wachstumsperiode hilft ihnen dabei. Erst vom zweiten Jahr an beginnt die Ernte. Nach drei bis vier Jahren werden die Stauden geteilt und frisch eingepflanzt. Eine gut gepflegte Artischockenstaude kann bis zu zehn Blütenköpfe auf einmal bilden.

Die Anzucht der Kardy gelingt leicht aus Samen, sie kann einfach sich selbst überlassen werden. Sie blüht ab dem zweiten Jahr. Oder man bleicht die Stängel schon im ersten Jahr, um sie zu essen (siehe unten). Soll die Pflanze als mehrjährige Staude kultiviert werden, würde ich im ersten Jahr noch nichts ernten, damit sie erst einmal genügend kräftig wird.

Ernten und verwenden

Kardy werden vor der Ernte während etwa sechs Wochen gebleicht. Dazu binde ich im Spätsommer die Stiele zusammen und umwickle sie mit Karton oder Jute. Nach sechs Wochen sind sie schön hell, schmecken aber ein wenig bitter. Die Stiele können jedes zweite Jahr geerntet werden. Danach braucht die Pflanze ein Jahr Ruhe, um sich wieder zu erholen.

Die Blütenknospen erntet man, bevor sie aufblühen. Sie schmecken ähnlich wie Artischocken, sind aber etwas weniger zart.

Auch die Wurzeln der Kardy sind essbar, nur wird bei der Ernte natürlich die ganze Pflanze zerstört. Sie werden wie Pastinaken gekocht und schmecken süßlich bis leicht sellerieartig.

Tipp: Estragontagetes

Dieses kleine einjährige Blümchen sieht gar nicht aus wie die üblichen Tagetes. Die Blüten sind winzig, dafür duftet die ganze Pflanze stark nach Estragon. Im Frühsommer erntet man die frischen Triebspitzen und dann den ganzen Sommer über die aromatischen Blüten. Ein exquisites Gewürzblümchen, das man in keinem Laden kaufen kann. Aber zum Glück sind Estragontagetes problemlos aus Samen zu ziehen. Sie werden im Mai in Töpfe gesät oder schon vorher auf einem warmen Fenstersims herangezogen und dann Ende Mai nach draußen gepflanzt. Natürlich eignen sie sich auch hervorragend für Balkonkistchen und als Farbtupfer für Kübel mit verschiedenen Kräutern.

ARTISCHOCKENBLÜTEN MIT MAYONNAISE UND ESTRAGONTAGETES

Was ich brauche

2 große oder 4 kleine Artischockenblüten
½ Zitrone

Mayonnaise:
1 Eigelb
1 TL Senf
1 TL Wasser
Salz, Pfeffer aus der Mühle
200 ml mildes Olivenöl oder gutes Sonnenblumenöl

ein paar Estragontagetesblüten (ersatzweise etwas Estragon oder nach Belieben andere Kräuter und/oder essbare Blüten)

Und so mache ich es

Die Artischockenblüten putzen, unschöne äußere Blätter entfernen. In Zitronen-Salzwasser weich kochen (so bleibt die Farbe erhalten): kleine Blüten etwa 10 Minuten, große 20 Minuten. Mit dem Messer in den Blütenboden stechen, um zu prüfen, ob sie weich sind.

Für die Mayonnaise das Eigelb mit dem Senf, Wasser, Salz und Pfeffer schaumig schlagen. Alle Zutaten sollten zimmerwarm sein. Das Öl in einem Faden ganz langsam einlaufen lassen und unter ständigem Rühren mit dem Schneebesen zu einer Mayonnaise rühren.

Die Mayonnaise in kleinen Schalen anrichten und mit den Estragontagetesblüten dekorieren.

KARDYGRATIN

Für 4 Personen

Was ich brauche

1 kg Kardy (im Herbst auch vom Wochenmarkt)
½ Zitrone
40 g Butter
1 Tasse Paniermehl
20 g Mehl
200 ml Milch
100 ml Weißwein
1 Lorbeerblatt
Salz, Pfeffer aus der Mühle, Muskatnuss
Rahm nach Belieben

Und so mache ich es

Die Kardy putzen, die Stiele entfädeln und schälen, in mundgerechte Stücke schneiden. In Zitronen-Salzwasser etwa 10 Minuten al dente kochen, abgießen und beiseitestellen.

In der Zwischenzeit für die Butterstreusel die Hälfte der Butter schmelzen, das Paniermehl zugeben und goldgelb rösten, beiseitestellen.

Für die Béchamelsauce die restliche Butter schmelzen und das Mehl unterrühren. Milch und Wein zugießen, kurz aufkochen. Das Lorbeerblatt zugeben, mit Salz, Pfeffer und Muskatnuss abschmecken. Alles unter ständigem Rühren etwa 10 Minuten köcheln lassen. Nach Belieben etwas Rahm zugeben.

Die Béchamelsauce mit den Kardy vermischen, in eine ausgebutterte Gratinform geben und mit den Butterstreuseln bestreuen.

Im vorgeheizten Backofen bei 220 Grad Ober- und Unterhitze 10 Minuten gratinieren.

FETTHENNE UND FEIGEN

FETTE HENNEN FÜR VEGETARIER

Sedum ist eine große Pflanzengattung mit etwa vierhundert Arten, von denen einige zu stattlichen Sträuchern heranwachsen, andere aber als niedrige Bodendecker vor sich hin wuchern. Einige Arten sind auch immergrün. Sedumarten sind weit verbreitet, wobei die meisten Wildformen in den Gebirgsregionen der Nordhemisphäre vorkommen. Hierzulande gibt es auch mehrere wilde Vertreter der Gattung. Im Garten werden meistens die laubabwerfenden Stauden *Sedum spectabile* und *Sedum telephium* kultiviert. Beide haben essbare Blätter. Es sind gruppenbildende Stauden mit unverzweigten, fleischigen Sprossen und gegenständigen, eiförmig bis elliptisch geformten, graugrünen Blättern. Im Spätsommer bilden sie rosarote Blüten, die gerne von Bienen besucht werden. Von *Sedum spectabile* gibt es auch Züchtungen mit purpurfarbenen oder weißen Blüten. Bei *Sedum telephium* ist vor allem die dunkellaubige Züchtung S. *telephium* 'Atropurpureum' beliebt.

Da die Fetthennen auch hierzulande wild wachsen, ist es sehr einfach, sie im Garten anzusiedeln. Sie mögen einen eher trockenen Standort und kommen problemlos jedes Jahr wieder. Auch als Balkonpflanzen sind sie hervorragend geeignet.

Ernten und verwenden

Einfach nach Bedarf einzelne, schön fette Blätter abzupfen. Oder ganze Zweige wegschneiden. Auch die Blüten lassen sich für die Küche verwenden.

FEIGEN PARADIESISCHE LECKEREI

Einen Garten ohne Feigenbaum *(Ficus carica)* gibt es bei mir nicht. Wir haben einen wunderschönen auf dem Balkon, und im großen Garten ziehe ich gleich mehrere davon. Irgendwie laufen mir auch immer wieder neue Feigenbäume zu, sei es, dass mir Freunde Stecklinge von besonders guten Sorten schenken, oder ich finde einen ganzen Baum, den jemand in die Grünabfuhr geschmissen hat und den ich dann natürlich retten muss. Feigenbäume sind unglaubliche Überlebenskünstler. Der arme Kerl aus dem Grüncontainer sah schon mehr als tot aus, aber nach einigen Wochen bei mir im Garten, mit etwas Wasser und viel gutem Zureden zeigte er schon bald neue Blattspitzchen. In einem extrem trockenen Sommer lassen Feigenbäume auch mal einfach die Blätter fallen. Sie machen dann sozusagen dicht und warten, bis es wieder regnet. Dann treiben sie prompt neu aus. Darum sollte man auch nicht mehr sehr lebendig aussehende Feigenbäume nicht zu rasch entsorgen. Lieber Wasser geben und warten, ob sie neu austreiben. Das gilt auch für Feigenbäume, die nach einem strengen Winter bis auf den Boden zurückgefroren sind. Mit größter Wahrscheinlichkeit wird in den Wurzeln noch etwas Leben sein, und mitunter kann es dann schon Mai werden, bis die ersten neuen Triebe sich ans Licht wagen. Ein Feigenbaum gibt aber nicht so rasch auf.

Die Feigengrube

Feigen ergeben über viele Jahre hinweg viel mehr Früchte, wenn ihre Wurzeln nur einen beschränkten Raum zur Verfügung haben. Daher werden sie traditionell in sogenannte Feigengruben gepflanzt. Am besten legt man eine solche Feigengrube vor einer warmen, geschützten Mauer an. Auf den Seiten stellt man je eine Waschbetonplatte in das Pflanzloch. Die Platten sollten einige Zentimeter über die Oberfläche hinausragen, damit der Feigenbaum nicht zu viele Ausläufer bildet. Dann den Boden der Feigengrube mit Ziegelscherben auffüllen. Und bloß keinen Kompost oder Dünger dazugeben. Feigenbäume bilden deutlich mehr Früchte, wenn sie etwas knapp gehalten werden. Darum sind sie auch ideale Kübelpflanzen für den Balkon.

Die Sache mit den Wespen

Was meistens nicht funktioniert: Einen Steckling von einem Feigenbaum aus den Ferien in der Provence oder sonstwo aus dem Süden nach Hause mitbringen und im Garten einpflanzen. Wachsen wird er schon, aber er wird keine Früchte bilden. Das liegt daran, dass die Feigenbäume im Süden von speziellen Wespen befruchtet werden, die hierzulande nicht vorkommen. Möchte man aber eigene Feigen ernten, lohnt es sich, im Fachhandel nach Sorten Ausschau zu halten, die für die Alpennordseite geeignet sind. Da gibt es inzwischen eine gute Auswahl und etliche Züchtungen, die es sogar diesseits der Alpen schaffen, zweimal im Jahr reife Früchte zu bilden. Die meisten Feigen reifen am letztjährigen Holz, aber bei besonders rasch wachsenden Sorten schaffen es auch die Früchte am diesjährigen Holz, noch bis zum Herbst heranzureifen. Eine der besten zweimal fruchtenden Züchtungen ist 'Gustissimo Twotimer', die in Chur im Bündner Rheintal gezüchtet wurde. Sie bildet riesige, sehr leckere Früchte.

Ernten und verwenden

Feigen reifen extrem folgernd, das heißt, über Wochen werden immer wieder einzelne Früchte reif. Dass eine Frucht reif ist, erkennt man daran, dass sie am Ast herunterhängt und sich in der Fruchthaut erste feine Risse bilden. In diesem Stadium schmecken sie am süßesten. Noch nicht ganz ausgereifte Feigen können auch im Haus nachreifen. Lange aufbewahren lassen sie sich jedoch nicht. Wenn viele Feigen auf einmal reif werden, lässt sich daraus eine leckere Marmelade kochen.

Tipp: Wohin mit unreifen grünen Feigen?

Unreife Feigen müssen vorgekocht werden, um die Bitterstoffe herauszulösen: Dazu die Stiele abschneiden und die grünen Feigen 10 Minuten kochen. Dann das Wasser abgießen und die Früchte in frischem Wasser nochmals 10 Minuten kochen. Danach können sie beispielsweise in Ingwersirup oder wie in Südamerika üblich in einem dicken Sirup aus braunem Zucker gekocht werden. Im östlichen Mittelmeerraum werden die vorgekochten grünen Feigen auch in Zucker und Zitronensaft gekocht und dann in Einmachgläsern aufbewahrt. Im Mittleren Osten werden die ganzen Früchte in Zuckersirup kandiert und als Zutaten für Kuchen und Gebäck verwendet.

FETTHENNENSALAT
MIT ZIEGENFRISCHKÄSE UND FEIGEN

Was ich brauche

2 reife Feigen
100 g Ziegenfrischkäse
1 Handvoll Fetthennenblätter
1 Handvoll Walnusskerne
einige Fetthennenblüten

Und so mache ich es

Die Feigen halbieren.

Den Ziegenfrischkäse mit einem Löffel zu Bällchen formen.

Mit den Fetthennenblättern, den Nüssen und einigen Blüten anrichten.

SÜSSKARTOFFELN UND ÄPFEL

SÜSSKARTOFFELN VIELFÄLTIG UND GESUND

Süßkartoffeln *(Ipomoea batatas)* sind eine der großen kulinarischen Entdeckungen der letzten Jahre. Inzwischen bekommt man sie auch im Gartenfachhandel im Mai als kleine Pflanzen; sie stehen aber bei den Sommerblumen und nicht beim Gemüse. Es handelt sich um stecklingsvermehrte Jungpflanzen, die in diesem Stadium noch keine Knollen haben. So kultiviert, bilden sie erst einmal buschiges, attraktives Laub. Aber bis zum Herbst wachsen natürlich die begehrten Knollen heran. Da sie als Zierpflanzen verkauft werden, wissen viele gar nicht, dass sie auch essbar sind.

Wer ein Gewächshaus und etwas Erfahrung hat, kann aus den Knollen selbst Stecklinge gewinnen und die Süßkartoffeln, so wie man das auch bei den Dahlien macht (siehe Seite 184), auf diese Weise anbauen und in größerer Menge produzieren.

Tipp: Süßkartoffeln auf dem Balkon

Süßkartoffeln eignen sich hervorragend für Hängekörbe oder an die Brüstung gehängte Kistchen. Ihr Laub wächst dann hübsch nach unten. Besonders schön in Kombination mit einer Pelargonie oder einer Dipladenie in der Mitte.

Tipp: Süßkartoffel in Mischkultur

Süßkartoffelblätter eignen sich bestens für eine wilde, bunte Mischkultur im Garten. Besonders schön sehen sie zusammen mit leuchtenden Tagetes, mehrfarbigem Krautstiel (Stielmangold) und/oder grünen Salaten als Kontrast aus.

Wie ich auf die Knolle kam

Vor vier Jahren habe ich zum ersten Mal eine schwarzlaubige Süßkartoffel selbst gezogen. Da ich sie als Zierpflanze betrachtete, pflanzte ich sie zusammen mit roten Pelargonien in ein Balkonkistchen. Die dunklen Blätter sahen zusammen mit der feuerroten 'Stadt Bern' umwerfend aus, und ich freute mich außerordentlich über diese dramatische Sommerflorkombination. Umso überraschter war ich dann, als ich im Herbst das Kistchen leerte, um alles auf den Komposthaufen zu werfen. Dabei fielen mir mehrere, ordentlich große Knollen in die Hände. Hoppla! Erst in dem Moment ist mir klar geworden, dass diese so hübsche Zierpflanze eigentlich ein Gemüse ist. Da ich sowieso nur biologisch dünge, hatte ich keine Bedenken, sie in der Küche auszuprobieren. Und voilà: Sie sahen nicht nur aus wie Süßkartoffeln, sie schmeckten auch wie Süßkartoffeln.

Erst viel später, als ich Kochbücher aus aller Welt zu lesen begann, fand ich heraus, dass auch die Blätter essbar sind und ein hervorragendes Gemüse abgeben. In vielen afrikanischen Ländern werden sie wie Spinat zubereitet und oft als Beilage zu den gebratenen Knollen serviert. In Sambia beispielsweise wird aus Süßkartoffelblättern das Gemüsegericht Kalembula zubereitet. Die Blätter kocht man zusammen mit gehackten Tomaten und serviert sie mit Maisbrei. Als Variante kann man noch gemahlene Erdnüsse daruntermischen.

Süßkartoffeln im Garten

Süßkartoffeln werden ab Mai als junge Zierpflanzen im Gartenfachhandel verkauft. Tatsächlich haben sie je nach Sorte äußerst dekoratives dunkelviolettes, schwarzes, kupferfarbenes oder leuchtend hellgrünes Laub. Sie gedeihen besonders gut auf einem heißen, sonnigen Balkon und eignen sich für Kistchen und größere Kübel. Je heißer es im Sommer ist, desto dunkler werden die Blätter der schwarzen Sorten. Ideal sind sie als Blattschmuckpflanzen zu Pelargonien, Dipladenien und anderen sonnenliebenden Balkonpflanzen. Jedenfalls gedeihen sie in Gefäßen besser, weil die Erde dort wärmer wird als der Mutterboden. Süßkartoffeln kann es nicht heiß genug sein. Damit sie bedenkenlos genießbar sind und auch ordentlich wachsen, ist es wichtig, sie regelmäßig zu gießen und einmal wöchentlich mit flüssigem Biodünger zu versorgen.

Im Garten gedeihen sie an einem sonnigen Standort ebenfalls ganz gut. In gemischten Blumenbeeten oder auch im Gemüsegarten sehen die schwarzen Sorten besonders hübsch aus, wie sie ihre Ranken zwischen den anderen Pflanzen hindurchweben. Auch im Beet ist es wichtig, dass sie regelmäßig genug Wasser bekommen und gelegentlich gedüngt werden. So machen sie ordentlich was her und gedeihen prächtig.

Die beliebtesten Sorten

'Garet Lace' ist bronzefarben.
'Bewitched' ist violett.
'Blacky' hat das wohl dunkelste Laub.
'Sidekick Black Heart' ist ebenfalls sehr dunkel.
'Marguerite' ist hellgrün mit filigranen Blättern.
'Sweetheart Light Green' ist hellgrün mit breiten, herzförmigen Blättern.
'Sweet Caroline' gibt es als *'Purple'*-Züchtung ebenso wie als *'Light Green'*.

Neue Sorten, die besonders große Knollen bilden

'Bonita', eine gelbfleischige Süßkartoffel
'Burgundy', eine dunkelrote Süßkartoffel mit leuchtend orangefarbenem Herz
'Murasaki', eine besonders leckere weißfleischige Sorte

Die genannten Sorten sind erhältlich bei www.lubera.com. Unter diversen anderen Namen sind aber auch weitere Sorten verschiedenster Züchter im Handel.

Ernten und verwenden

Den ganzen Sommer über kann man regelmäßig einige Blätter schneiden und als Blattgemüse zubereiten. Es wird stets in gekochter Form gegessen, nicht als Salat. Ich schneide außerdem jeweils etwa ein Drittel der Ranken in der Hälfte ab. So sehen die Pflanzen immer noch gut aus und haben vor allem genug Kraft, um weiterzuwachsen. Wenn man sie regelmäßig auf diese Weise beerntet, werden sie buschiger, doch blühen sie dann nicht. Das ist aber nicht weiter schlimm, da die Blüten der Süßkartoffeln unscheinbar sind, ähnlich wie Kartoffelblüten. Ihr zartes Violett geht eher unter in der Masse des Laubs. Darum meine Empfehlung: Lieber regelmäßig leckeres Blattgemüse essen, statt auf die Blüten warten, die dann doch nicht viel hermachen.

Die Knollen werden im Herbst geerntet, vor dem ersten Frost. Wenn sie im Topf kultiviert werden, einfach alles umkippen – die alte Erde kommt sowieso auf den Kompost. Wachsen die Pflanzen im Beet, mit der Grabegabel vorsichtig den ganzen Wurzelballen herausheben und die Knollen herausklauben.

Nachreifen und lagern

Selbst gezogene Süßkartoffeln halten sich nicht sehr lange. Wahrscheinlich liegt das daran, dass sie oft kleiner sind als diejenigen, die wir im Laden kaufen. Dafür haben sie lustigere Formen. In Töpfen und Balkonkästen wachsen sie oft kreisförmig und bilden dann Kringel oder sichelförmige Gebilde.

Große Exemplare der neuen, für die Küche gezüchteten Sorten können hingegen Knollen von über einem Kilo Gewicht bilden. Diese großen Exemplare sollten nicht sofort verspeist, sondern richtig auf die Lagerung vorbereitet werden. Die frisch geernteten Knollen werden dabei zur weiteren Umwandlung von Stärke in Zucker einige Wochen an einem warmen Ort bei 20 bis 25 Grad und bei hoher Luftfeuchtigkeit gelagert. Ideal ist ein Fensterbrett über der Heizung mit einer Wasserschale daneben. Bei dieser Nachreifung verbessert sich der Geschmack, die Süßkartoffeln werden süßer, und sie bilden außen eine verdickte Schicht schützender Zellen. Nach dieser Vorbehandlung werden sie gut aussortiert. Verletzte Exemplare bald aufbrauchen, da sie sonst rasch faulen. Die anderen können sorgfältig in Zeitungspapier eingewickelt

Tipp: Wie Kartoffeln verwenden

Süßkartoffeln werden wie normale Kartoffeln zubereitet. Alle für Kartoffeln üblichen Rezepte lassen sich mit ihnen problemlos nachkochen.

Tipp: Unikate aus Eigenanbau

Bei den oft lustigen Formen aus den Balkonkistchen und Töpfen kann das Waschen und vor allem das Schälen mitunter etwas knifflig sein. Aber krumme, verdrehte und verzworkelte Süßkartoffeln schmecken genauso gut, und man hat dann echte Unikate auf dem Teller!

Süßkartoffellaub, frisch geerntet (oben links). Wird das Laub nicht geerntet, blühen die Süßkartoffeln (oben rechts). In Gefäßen gezogen bilden sie oft krumme Knollen (unten rechts). Die violetten Süßkartoffeln ranken sich dekorativ durch ein gemischtes Beet (unten links).

und in Kisten bei 12 bis 15 Grad gelagert werden. Auch hier ist eine hohe Luftfeuchtigkeit von Vorteil. Wenn man dabei alles richtig macht, lassen sie sich auf diese Weise bis zum nächsten Frühling aufbewahren.

KLEINE APFELBÄUME FÜR JEDEN STANDORT

Ein Garten ohne Apfelbaum ist nur ein halber Garten. Bei den Äpfeln müssen allerdings, wie bei den meisten Obstbäumen, jeweils zwei gepflanzt werden, damit sie sich gegenseitig befruchten können. Und für zwei große Bäume fehlt mitunter der Platz. So oder so macht es in der Stadt meist wenig Sinn, riesige Hochstammbäume zu pflanzen, bei denen man erst jahrzehntelang auf Ernte warten muss.

Zum Glück gibt es aber Miniaturbäumchen, die auch im Kübel auf dem Balkon gut gedeihen und sofort Früchte tragen. Interessant sind Säulenapfelbäume, die sowohl in Kübeln wie in einem kleinen Stadtgarten immer irgendwo ein Plätzchen finden. Tatsächlich wurden diese so gezüchtet, dass sie nur einen Haupttrieb haben, aus dem direkt die Fruchtspieße herauswachsen. Und sie sehen ausgesprochen hübsch aus, sowohl in der Blüte wie natürlich mit den Früchten. Schon im ersten Jahr tragen sie Früchte und bieten insgesamt mehr Ertrag als herkömmliche Obstbäume. Besonders schön ist eine ganze Reihe verschiedener Säulenäpfel, die sich auch als Sichtschutz auf dem Balkon oder als Abgrenzung eines Gemüsegartens eignen. Und zum Ernten braucht man nicht einmal eine Leiter.

Auf die Unterlage kommt es an

Die endgültige Größe eines Baumes ergibt sich aus der Wurzelunterlage, auf die er veredelt wurde. Im Hausgarten werden üblicherweise kleinere, auf schwach wachsende Wurzelunterlagen veredelte Bäumchen wie Spindeln, Viertelstämme oder Zwerpyramiden gepflanzt. Die Spindeln sind mit einer Stammhöhe von 50 bis 60 cm die am weitesten verbreiteten Apfelbäumchen. Ab dieser Stammhöhe wachsen die ersten Seitentriebe, und die Bäumchen werden pyramidenförmig geschnitten, damit alle Früchte möglichst viel Sonne zum Heranreifen haben. Pyramidenförmig geschnitten werden auch die Zwergpyramiden, deren unterste Äste 40 cm über dem Boden stehen. Sie sind dadurch so klein, dass sie sich auch für die Kultur im Kübel eignen. Bei einem Viertelstamm wachsen die ersten Seitentriebe hingegen auf einer Stammhöhe von einem Meter; er ist einfach eine etwas höhere Spindel.

Rote Spezialitäten

Eine Besonderheit sind die rotfleischigen Red-Love-Äpfel, deren Fruchtfleisch durch und durch rot gefärbt ist. Die Bäumchen blühen in hübschem Rosarot und sind ein wunderbarer Hingucker. Aber vor allem lassen sich in der Küche mit den roten Äpfeln schöne Überraschungen zaubern, denn sie behalten beim Backen und Kochen ihre Farbe. Etwas verstärkt werden kann der Effekt noch, indem ein Löffel Holundersirup beigegeben wird. Von den Red-Love-Äpfeln gibt es inzwischen verschiedene Sorten, die geschmacklich von der säuerlich-prickelnden 'Circe' bis zum ausgesprochen süßen 'Odysso' reichen. Sie sind als kleine Büsche, als Spalier und als Halbstämmchen erhältlich.

SÜSSKARTOFFELRÖSTI MIT ROTEN APFELSCHNITZEN

Was ich brauche

2 mittelgroße Süßkartoffeln
1–2 EL Öl oder Butter zum Anbraten
1 roter Apfel (z. B. Sorte 'Red-Love')
1 EL Holunderbeerensirup
Salz, Pfeffer aus der Mühle

Und so mache ich es

Die Süßkartoffelknollen gut waschen, schälen und fein reiben. Von Hand zusammenpressen, um möglichst viel Flüssigkeit auszudrücken. Aus der Masse kleine Röstiküchlein formen. Die kleine Größe ist wichtig, da Süßkartoffeln etwas weniger Stärke enthalten und daher weniger gut zusammenhaften als normale Kartoffeln. Eine bratpfannengroße Rösti würde beim Wenden auseinanderbrechen.

Die Rösti in Öl oder Butter anbraten, gelegentlich wenden und so lange weiter braten, bis sie goldgelb sind.

Den Apfel schälen, in Schnitze schneiden und in wenig Wasser 10 Minuten garen. Damit die an sich schon roten Äpfel eine besonders intensive Farbe annehmen, einen Löffel Holundersirup beimischen.

Mit Salz und Pfeffer abschmecken und zur Süßkartoffelrösti anrichten.

Tipp: Arbeitserleichternd

Die geriebenen Knollen in einem sauberen Küchentuch auspressen und danach von Hand die Rösti in gewünschter Größe formen.

SÜSSKARTOFFELSPINAT MIT MINI-KAROTTEN

Was ich brauche

Eine großzügige Menge Süßkartoffelblätter
1–2 EL Butter
Salz
1 Bund ganz junge Karotten (jene, die im Sommer ausgedünnt werden)
frisches Karottengrün

Und so mache ich es

Die Süßkartoffelblätter gut waschen, trocken schütteln und in fingerbreite Streifen schneiden. Die Blätter mit dem an ihnen haftenden Wasser in einem Kochtopf 2 Minuten blanchieren, dann kalt abschrecken.

Die Blätter in frischem Wasser aufsetzen und 10 Minuten kochen. Salzen und mit der Butter abschmecken.

Die jungen Karotten gut waschen und 10 Minuten weich kochen.

Die Süßkartoffelblätter in eine Tasse geben, zusammenpressen und auf die Teller stürzen. Die Karotten und etwas frisches Karottengrün darum herum anrichten.

Dazu passen Salzkartoffeln. Oder nach afrikanischer Vorlage Fufu (Maniok- oder Yamsbrei oder Taro, siehe Seite 147), wahlweise auch Polenta oder Kartoffelbrei.

Dieses Rezept lässt sich natürlich auch mit herkömmlichem Spinat oder mit vielen anderen essbaren Blättern zubereiten.

Tipp: Hallo Kids

Dieses Rezept mundet Kindern besonders gut. Das Blattgemüse schmeckt angenehm mild, und die winzigen Karotten stoßen auf helle Begeisterung.

APFELKUCHEN
MIT STREUSELN

Was ich brauche

4 Äpfel (Boskop oder andere säuerliche Kochäpfel)

Für den Kuchenteig:
1 kleine Tasse Sonnenblumenöl
1 kleine Tasse warmes Wasser
1 Prise Salz
1 EL Zucker
2–3 Tassen Mehl

Für den Zimtzucker:
2 Esslöffel Zucker
½ Teelöffel Zimt
1 Msp. Kardamom

Für die Streusel:
50 g Butter
50 g Mandelblättchen
50 g Zucker
50 g Mehl

Und so mache ich es:

Für den Teig das Wasser und das Sonnenblumenöl in einer Schüssel mit Salz und Zucker mischen. So viel Mehl beigeben, dass sich ein glatter Teig kneten lässt. Etwas Mehl auf die Arbeitsfläche streuen, den Teig mit dem Nudelholz ausrollen, auf das Kuchenblech legen und mit einer Gabel den Teigboden einstechen.

Zucker, Zimt und Kardamom gut mischen und 1 Teelöffel der Mischung auf dem Teig verteilen.

Die Äpfel schälen und in Schnitze schneiden. Auf dem Teig auslegen und mit dem restlichen Zimtzucker bestreuen.

Im Backofen bei 180 Grad 20 Minuten backen.

Inzwischen für die Streusel die kühlschrankkalte Butter in kleine Würfel schneiden. Die Mandelblättchen mit Butter, Zucker und Mehl mischen und von Hand zu Streuseln verreiben.

Den Kuchen nach 20 Minuten kurz aus dem Ofen nehmen, die Streusel drauf verteilen und dann den Kuchen nochmals 10–15 Minuten nur mit Oberhitze fertig backen.

TOPINAMBUR UND KAPUZINER

EINMAL TOPINAMBUR, IMMER TOPINAMBUR

Topinambur *(Helianthus tuberosus)* ist eine dankbare Pflanze; auch wenn man gar nichts tut, wächst die Topinambur immer. Oft wächst sie sogar mehr, als einem lieb ist. Zur Sicherheit würde ich sie in einem alten Eimer oder Fass ziehen, damit sie sich nicht zu sehr ausbreitet.

Eine Topinamburhecke (oben) sorgt für raschen und dichten Sichtschutz. Die Topinamburknollen nur nach Bedarf ernten; sie lassen sich nicht lange aufbewahren und bleiben besser im Boden, bis sie gebraucht werden. Im Mai lassen sich hier und dort noch Kapuziner in Lücken säen.

Topinambur gilt als invasive Pflanze und muss entsprechend verantwortungsvoll angebaut werden. Im Garten treibt auch die kleinste im Boden vergessene Knolle wieder aus. Daher alles gründlich ausreißen, was man nicht benötigt. Im Frühling sicherheitshalber nochmals alle unerwünschten neuen Triebe ausreißen und gut aufpassen, dass sie sich nicht weiter ausbreitet. Ich ziehe wirklich nur so viel Topinambur, wie ich für die Küche brauche, und schneide die Blüten ab, bevor sie verblüht sind, damit sie keine Samen bilden. Trotz allem: Auf die stattliche, schöne Topinambur ganz zu verzichten wäre schade, vor allem wegen des delikaten Artischockengeschmacks der Knollen.

Diesen Geschmack schätzen allerdings auch Wühlmäuse; sie fressen die Knollen mit Vergnügen. Ansonsten hat Topinambur kaum Feinde. Die Schnecken lassen sie weitgehend in Ruhe, oder besser die Topinambur wächst schneller, als sie ihn fressen können.

Gießen ist nicht unbedingt nötig, denn dank der wasserspeichernden Knollen überleben sie auch trockene Perioden. Allerdings werden die Pflanzen, ebenso wie die Knollen, viel größer, wenn sie regelmäßig Wasser erhalten.

Ernten und verwenden

Topinamburknollen nur bei Bedarf ausgraben, die Knollen lassen sich nicht sehr lange lagern. Im Boden halten sie den ganzen Winter über und können auch zeitig im Frühjahr noch verwendet werden.

Topinambur enthält Inulin und ist berüchtigt dafür, dass sie ordentlich Darmwinde verursacht. Dagegen hilft, Karotten unterzumischen und sie lang genug zu kochen. Außerdem helfen Bohnenkraut, Salbei oder Fenchelsamen, beim Kochen zugegeben, Blähungen zu reduzieren. Topinambur sind aber auf jeden Fall gesund. Egal ob als Backofengemüse zusammen mit Kartoffeln und anderen Gemüsen, als Suppe oder Püree – die Menge macht es. Zu viel auf einmal kann von empfindlichen Mitmenschen als Belästigung empfunden werden.

KAPUZINERKRESSE FARBENFROHE VITAMINBOMBE

Auch wer schon länger gärtnert, möchte meist nicht auf die Kapuzinerkresse verzichten. Zu lecker schmecken ihre scharfen Blüten, zu hübsch sehen sie in ihrem fröhlichen Gelb, Orange oder Rot auf dem Teller aus. Was wäre ein bunter Sommersalat ohne

Tipp: Topinamburhecken

Aus Topinambur lassen sich spektakuläre einjährige Hecken pflanzen. Jedoch können sie leicht unter einem Zaun hindurchwuchern und sich dann beim Nachbarn ausbreiten. Daher Vorsicht! Nur dort pflanzen, wo man sie im Griff behalten kann.

Kapuzinerkresseblüten? Und auch die Blätter ergeben eine dankbare Salatbeigabe. Ihr scharfes Senfaroma wirkt erfrischend, und sie enthalten neben dem reinigenden Senföl auch reichlich Vitamin C. Außerdem sind sie ein natürliches Antibiotikum. Je mehr Blüten und Blätter regelmäßig gepflückt werden, desto kräftiger wachsen die Pflanzen nach. In punkto Sorten gibt es einerseits Mischungen aus großen, rankenden Kapuzinern, die sich auch gut als Lückenfüller in Blumenbeeten und im Gemüsegarten zwischen Kohlgewächsen eignen oder zum Bepflanzen von Baumscheiben. Für Balkonkistchen sind die kleinwüchsigen Sorten besser geeignet. Meist werden sie in bunten Mischungen von Gelb bis Orange angeboten. Manchmal bekommt man auch einzelne, zum Beispiel zitronenfarbene Sorten. Besonders hübsch ist die tiefrot blühende Züchtung 'Empress of India'.

Wichtig ist, alle Kapuziner erst nach den Eisheiligen im Mai ins Freiland zu säen, da sie keinen Frost vertragen. Sie brauchen zudem regelmäßig Wasser, sollten aber nicht gedüngt werden, da sie sonst nur Blätter und fast keine Blüten bilden.

TOPINAMBUR-KAROTTEN-SÜPPCHEN
MIT KAPUZINERKRESSE

Was ich brauche

1 große oder 2 kleine Zwiebeln
1 EL Pflanzenöl
2–3 Karotten
1 Handvoll Topinamburknollen
1 Tasse gute Gemüsebouillon
wenig Sauerrahm
Salz, Pfeffer aus der Mühle
ein paar Kapuzinerblüten und -blätter

Und so mache ich es

Die Zwiebel fein schneiden und im Öl anbraten.

Die Karotten schälen, in Stücke schneiden und leicht mitdünsten.

Die Topinambur waschen, schälen und in Stücke schneiden, zugeben und mitdünsten.

Mit der Bouillon auffüllen, alles 15 Minuten kochen, dann von der Herdplatte nehmen und pürieren. Mit Rahm, Salz und Pfeffer abschmecken.

In Teller geben und mit den Kapuzinerblüten und -blättern garnieren

Tipp: Wie es auch geht

Dieses Rezept funktioniert mit allerlei Wurzeln und Knollen aus dem Garten. Auch beim Ernten zerbrochene oder von Tieren angefressene Wurzeln und Knollen lassen sich auf diese Art gut verwerten.

LILIEN
UND SALAT

LILIEN
KNOLLEN FÜR KENNER

Lilien gehören zu meinen absoluten Lieblingspflanzen. Seit vielen Jahren begleiten sie mich durch meine Gärten. Ihr Duft, ihre Schönheit, und ihre Vielfalt sind wahrlich beeindruckend. Alle Liliensorten geben wunderbare Schnittblumen ab. Betörend duften die orientalischen Sorten, deren fantastische riesenblütige Züchtungen mich begeistern; sie sind aber nicht leicht zu bekommen. Auch die Osterlilie *(Lilium longiflorum)* hat einen intensiven Duft. Fast geruchlos hingegen sind die asiatischen Lilien, die man landläufig im Gartenhandel sieht. Aber was soll man mit einer Lilie ohne Duft? Lieber ziehe ich die prächtige Königslilie *(Lilium regale)*, die im Herbst mit den Zwiebelpflanzen erhältlich ist. Der Duft ihrer Blüten ist unvergleichlich: süß und sinnlich und so schwer, dass einem davon schwindlig werden könnte. Und schön ist sie! Ihre weißen Trompetenblüten, an der Außenseite altrosa angehaucht, strecken ihre goldenen Schlünde mit den apfelgrünen, klebrigen Stempeln dem Licht entgegen.

Wie die großen orientalischen Lilien brauchen auch Königslilien guten, nährstoffreichen Boden und genug Dünger. Je prächtiger die Lilien, desto hungriger sind sie. Was sie jedoch nicht vertragen, ist Stallmist. Besser ist es, ihnen immer wieder frischen Kompost zu geben, jedoch nicht zu viel auf einmal. Was sie sehr schätzen, insbesondere wenn sie im Topf kultiviert werden, ist Tomatendünger. Nach der Blüte gut düngen!

Heilige Madonna!

Ich rede mit meinen Pflanzen, und mit einigen rede ich ein bisschen mehr als mit anderen. Sie würden gar nicht gedeihen, ohne dass wir uns ihnen zuwenden, mit guten Gedanken und mit freundlichen Worten. So zumindest kommt es mir vor. Mit der Madonnenlilie *(Lilium candidum)* führe ich besonders intensive Gespräche, zu ihr habe ich ein beinahe religiöses Verhältnis. Schon im Spätherbst gehe ich vor ihnen auf die Knie, schiebe das alte Laub beiseite, bewundere die zarten Blattrosetten, die sich vor dem Winter bilden. Ich decke sie dann sorgfältig wieder zu und gebe ihnen etwas Kompost, damit sie es schön warm haben. Madonnenlilien mögen keine zu fette Kost, sie schätzen auch, im Gegensatz zu den meisten anderen Lilien, einen eher heißen, kargen Standort und kalkhaltigen Boden.

Überhaupt sind sie grundsätzlich anders zu behandeln als alle anderen Lilien. Ihre Zwiebeln werden im Sommer gepflanzt und sollten niemals zu tief in die Erde kommen. Sie bilden dann bereits im Herbst Wurzeln und vor allem die erstaunlich zähen Basalrosetten, die grün überwintern. Sobald der Schnee schmilzt, schaue ich als Erstes nach, ob sie noch da sind, etwas bleich von den strengen Wintermonaten, aber immer noch lebendig. Doch sobald es wärmer wird, nehmen die zarten Blätter eine gesunde Farbe an. Und schon bald werden sie blühen, beschützt und behütet und unversehrt. Ihre weißen Sterne mit den goldenen Staubfäden leuchten in den Frühsommermorgen, eine Offenbarung ist das, jeden Sommer von neuem ein Wunder.

Achtung Fressfeinde

Die größte Gefahr droht den Lilien, kurz bevor sie aufblühen. Denn wie aus dem Nichts tauchen sie plötzlich auf: die Lilienhähnchen. Besonders lieben sie die zarten kleinen Blütenknospen, ein Graus, ihre Schäden zu begutachten! Das einzig Praktische an den Lilienhähnchen ist ihre auffallend knallrote Farbe. Das ist aber auch der einzige Pluspunkt, den ich diesen vermehrungsfreudigen, stets hungrigen Käferchen zugestehen mag. Sobald sie auftauchen, blase ich mit großem Halali zur Jagd. Wie die Dickmaulrüssler (meine zweitliebsten Gartenstörenfriede)

Rechte Seite: Links *Lilium pardalinum*, rechts die Knollen einer Königslilie *(Lilium regalum)*, darunter eine orientalische Riesenlilie, wie man sie an der Chelsea Flower Show in London kaufen kann. Natürlich sind diese seltenen Kostbarkeiten viel zu schade für die Küche. Zum Kochen verwende ich meist Königslilien, die sich im Garten ganz gut vermehren.

haben sie die Angewohnheit, sich fallen zu lassen, sobald sich eine Hand nähert, um dann in den Blattrosetten unauffindbar zu verschwinden. Aber ich bin inzwischen ziemlich flink im Erwischen von Lilienhähnchen.

Ernten und verwenden

Die Knollen aller Liliensorten sind essbar. Sie enthalten viel Stärke und erinnern in Konsistenz und Geschmack an mehlige Kartoffeln. Ich ernte sie im Herbst, wenn sie besonders groß sind. Sie sehen ein wenig aus wie Artischocken, und so haben wir sie auch gekocht: einfach in Salzwasser, bis sie weich sind. Der zarte Eigengeschmack der Lilien ist delikat und kostbar.

Da Lilienknollen viel Stärke enthalten, werden sie in China auch zum Binden von Saucen verwendet. Insbesondere die Königslilie *(Lilium regale)*, die Wildform *Lilium brownii*, die Tigerlilie *(Lilium lancifolium)* und die Prachtlilie *(Lilium speciosum)* werden in China als Gemüse angebaut. Die Ureinwohner Nordamerikas haben seit jeher die wunderschöne Pantherlilie (*Lilium pardalinum*, oben links) als Gemüse verwendet. Bei gekauften Zwiebeln muss man unbedingt darauf achten, dass sie nicht mit Chemikalien behandelt sind. Am besten vermehren sich bei mir die Königslilien, und davon ernte ich dann jeweils im Herbst eine kleine Portion. Mehr aber nicht, da ich ihre Blütenpracht allzu sehr schätze.

Salattipps

- Nicht zu tief pflanzen: Salatsetzlinge müssen im Wind flattern.
- Kopfsalat: Nach dem Ernten die Strünke im Boden kreuzförmig mit dem Messer einschneiden; dann wachsen nochmals vier kleinere Salate nach.
- Salat nicht düngen, sonst reichert er zu viel Nitrat an. Salat kann auch in etwas aufgelockerter Erde in Töpfen vom Vorjahr angebaut werden.

Diverse Schnitt- und Kopfsalate gedeihen dekorativ in alten Weinkisten.

DA HABEN WIR DEN SALAT!

Salat ist nicht einfach gleich Salat. Aber eines haben fast alle Salatsorten gemeinsam: Sie sind einfach zu kultivieren, und sie können auch in einem simplen Topf oder in einem Balkonkistchen bestens gedeihen. Kaum eine Gartenpflanze wächst so rasch wie Salat. Und die Auswahl ist riesig: Es gibt diverse Schnitt- und Pflücksalate. Es gibt rote und grüne Kopfsalate, Eichblattsalat, Lollo, Eisberg- und Krachsalat. Und dann gibt es natürlich auch noch Zichorien, Palla Rossa, Zuckerhut, Endivien und Lattich. Dazu kommen Rucola, Barbarakraut und Kresse, scharfe asiatische Pflücksalatmischungen und zarte Mesclun-Blättchen, Hirschhornsalat, Brunnenkresse, Blutampfer und und und. In der Salatschüssel tun sich geradezu Welten auf, da lohnt es sich, mit Neugier und Experimentierfreude auf Entdeckungsreise zu gehen.

Salat hat nicht nur Vitamine und Mineralstoffe, sondern auch noch einige Überraschungen zu bieten. Er taucht in der einschlägigen Literatur immer mal wieder als psychoaktive und aphrodisierende Pflanze auf. An erster Stelle der Scharfmacher aus der Salatschüssel stehen Lattich und Zichorie. Wer Lattich roh oder gekocht äße, würde wahnsinnig, schrieb Hildegard von Bingen. Inzwischen ist längst nachgewiesen, dass die Milchflüssigkeit des Lattichs ein morphiumähnliches Alkaloid enthält. Auch Feldsalat enthält opiatähnliche Stoffe. Allerdings ist die Konzentration so gering, dass man wohl ein ganzes Feld davon aufessen müsste, um etwas zu merken.

Hinten Knollenfenchel, in der Mitte die alte Salatsorte 'Forellenschluss' und im Vordergrund noch etwas Schnittsalat, von dem schon viel geerntet wurde.

Samen oder Setzlinge?

Noch nie selber Salat gezogen? Keine Sorge, das ist rasch erklärt: Bei den Schnittsalaten kauft man eine Tüte Samen. Die keimen und wachsen schnell, und schon nach wenigen Wochen kann man zum ersten Mal ernten. Einfach abschneiden und dann warten, bis die Blättchen wieder nachgewachsen sind. Wichtig: Nicht die ganze Tüte auf einmal säen und die Samen nur dünn auf die Oberfläche streuen und ganz fein abdecken. Den Rest der Samen aufbewahren, um später erneut zu säen. Am besten sät man etwa alle zwei Wochen ein wenig Schnittsalat in die Balkonkistchen; so kann die ganze Saison über immer wieder geerntet werden. Als Substrat reicht normale Gemüse- und Blumenerde, Dünger braucht es nicht.

Kopfsalat, Endivien und Lattich sind ebenfalls ganz leicht zu ziehen, auch wenn nur ein paar Töpfe auf dem Balkon zur Verfügung stehen. Ich kaufe einfach immer wieder mal eine Schale mit jeweils sechs Setzlingen. Diese dienen als Lückenfüller zwischen den Sommerblumen, im Balkonkistchen oder einfach dort, wo gerade etwas Platz übrig ist. So verwende ich Salatsetzlinge beispielsweise zum Unterpflanzen meiner Miniatur-Obstbäumchen auf dem Balkon. Außerdem pflanze ich immer Salat zwischen den jungen Mangold, die Zucchini- und Maispflanzen. Denn bis diese größer werden, ist der Salat längst geerntet. Sobald ein Gemüse abgeerntet ist, kommen in diese Gefäße auch wieder Salate. Hauptsache, der wenige Platz auf dem Balkon wird immer gut genutzt!

Der wichtigste Tipp beim Salat ist, dass man fortlaufend ein wenig sät oder pflanzt, aber nie zu viel auf einmal. Denn wenn plötzlich hundert Kopfsalate gleichzeitig erntereif sind, hängt einem das Grünzeug irgendwann zu den Ohren raus.

LILIENKNOLLEN
AUF SCHNITTSALAT

Als Vorspeise

Was ich brauche

2 schöne frische Lilienknollen
2 Handvoll frischer Blattsalat
1 EL Weißweinessig
Senf nach Geschmack
Salz, Pfeffer aus der Mühle
2 EL Pflanzenöl

Und so mache ich es

Die Lilienknollen sorgfältig waschen, putzen und 10–15 Minuten in Salzwasser weich kochen (sie sollten schön weich sein, aber nicht zerfallen).

Den Salat auf Tellern anrichten.

Von den Lilienknollen die äußeren Blättchen abzupfen und anrichten, zum Schluss das Herz in die Mitte legen.

Den Weißweinessig mit Senf, Salz und Pfeffer aufschlagen, das Pflanzenöl darunterrühren. Die Vinaigrette über den Salat und die Lilienknollen gießen und servieren.

ARONIABEEREN

ARONIABEEREN PFLEGELEICHTES SUPERFOOD

In Nordamerika und in Kanada sieht man Aroniabüsche *(Aronia melanocarpa)* überall in den Gärten. Im Herbst färben sie sich wunderschön rot, weswegen sie vor allem als Zierpflanze gelten. In den letzten Jahren sind aber auch ihre dunkelblauen Beeren groß in Mode gekommen, da sie ein regelrechtes Superfood sind: Sie enthalten neben viel Vitamin C auch Eisen und andere Mineralstoffe und weisen einen hohen Gehalt an Anthocyanen auf, was sie zu wahren Gesundheitsbeeren macht. Anthocyane sollen vor Krebs schützen und zählen zu den kräftigsten Antioxidantien, die die Natur zu bieten hat. Meist werden die Beeren als Saft oder getrocknet angeboten.

In Europa werden Aroniabüsche seit über hundert Jahren angebaut und lassen sich auch ganz einfach selbst im Garten ziehen. Man braucht sie nicht einmal zu kaufen, denn sie lassen sich leicht aus Steckhölzern oder Samen heranziehen. Sie wachsen in unserem Klima zu stattlichen, bis 2 m hohen Büschen, die sich bestens in naturnahe gemischte Hecken einfügen lassen. Noch ein Vorteil: Sie kommen mit fast jedem Boden zurecht, doch am besten gedeihen sie auf leicht sauren Böden. Und einiges an Trockenheit vertragen sie auch. Was will man mehr von einem pflegeleichten Strauch?

Ernten und verwenden

Die Beeren werden hauptsächlich zur Saftgewinnung kommerziell angebaut.

Aus den reifen Beeren lässt sich eine hervorragende Marmelade kochen, die einen den Winter über mit Vitaminen und Spurenelementen versorgt.

PANNACOTTA MIT ARONIABEERENSIRUP UND ROSENBLÜTENBLÄTTERN

Was ich brauche

Für die Panacotta-Köpfchen:
300 ml Rahm
½ Vanilleschote, aufgeschlitzt
½ Sternanis
wenig Zimt
je 1 ungespritzte Zitrone und Orange
60 g Zucker
½ Beutel Agar-Agar

Für den Sirup:
1 Handvoll Aroniabeeren (ersatzweise Brombeeren oder Heidelbeeren, auch Zwetschgen schmecken gut)
200 ml Rotwein
2 TL Zucker

1 oder 2 pastellfarbene Rosenblüten

Und so mache ich es

Für die Pannacotta am Vortag den Rahm mit Vanilleschote, Sternanis, Zimt, etwas abgeriebener Zitronen- und Orangenschale, Zucker und Agar-Agar zum Kochen bringen. Alles 1–2 Minuten leicht köcheln lassen, dann absieben und in Förmchen füllen. Über Nacht im Kühlschrank fest werden lassen.

Für den Sirup die Aroniabeeren waschen und trocken tupfen. Mit Rotwein und Zucker in einen Topf geben, aufkochen und etwa 5 Minuten köcheln, dann vom Herd nehmen und abkühlen lassen.

Die Pannacotta-Förmchen aus dem Kühlschrank nehmen, stürzen, mit einer frischen Rosenblüte oder abgezupften Rosenblütenblättern dekorieren und zusammen mit dem Sirup anrichten.

DAHLIEN

DAHLIEN IN DIE PFANNE HAUEN

Dahlien wurden ursprünglich gemeinsam mit den Kartoffeln als Gemüsepflanzen von Südamerika nach Europa gebracht. Später wurden Sorten mit immer größeren Blüten gezüchtet, bis sie schließlich ganz vom Speisezettel verschwanden und man nur noch Kartoffeln aß, während die Dahlien ins Blumenbeet abgeschoben wurden. Im Garten liebe ich sie seit jeher für ihre dramatische Blütenpracht. Womit sonst als mit Dahlien ließen sich im Spätsommer und Herbst schönere Sträuße binden? Und erst die opulente Farbenpracht im Beet, über Monate hinweg, unermüdlich und in solch einer Vielfalt an Farben und Formen, dass es eine wahre Freude ist! Selber schuld, wer über Dahlien noch die Nase rümpft.

Im Oktober sehen die Dahlien im Beet nicht mehr so schön aus. Nun werden sie für die letzten Sträuße geschnitten, und dann geht es ans Ausbuddeln der Knollen, bevor der Boden gefriert. Sie müssen unbedingt frostfrei gelagert werden.

Neben der monatelangen Blütenfülle im Beet und jeder Menge lang haltender Blumen für die Vase bieten die Dahlien am Ende der Saison auch noch eine exquisite Delikatesse, die man in keinem Supermarkt kaufen kann: ihre saftigen Speicherorgane, die köstlich munden. Indem die Knollen am Ende der Saison aufgegessen werden, erspart man sich zudem die Mühe des Überwinterns. Oft sind sie bis im Frühling sowieso ziemlich verschrumpelt oder schimmelig, vor allem wenn es im Keller zu warm war. Und überhaupt ist es langweilig, immer wieder die gleichen Dahlien zu setzen, ich zumindest erfreue mich gern jedes Jahr wieder an Dahlien in allen möglichen neuen Farben und Formen.

Anpflanzen, vermehren, pflegen

Wenn man im Frühling in den Gartencentern die in Kunststoffbeutel verpackten verschrumpelten Knollen betrachtet, wird man kaum glauben, dass daraus überhaupt etwas wachsen kann. Sobald sie aber in feuchte Erde eingetopft sind, beginnen die Knollen bald zu treiben. Am besten werden sie an einem hellen Fenster in etwa 30 cm großen Töpfen gestartet. Sind die jungen Triebe erst einmal fingerlang, kann ein Teil davon abgeschnitten und separat als Stecklinge weiterkultiviert werden. Auf diese Weise gewinnt man mit etwas Geschick aus einer einzigen Knolle gut ein halbes Dutzend identischer Dahlienpflanzen. Und je mehr Dahlien man in ein Beet packt, umso dramatischer die Farbwirkung.

Sonnenhut

Die Mutterpflanze sowie die Stecklinge werden bis nach den Eisheiligen im Mai drinnen oder im Gewächshaus weiterkultiviert, danach kommen sie direkt ins Beet oder auch in größere Kübel und Kästen auf dem Balkon. Von da an brauchen sie vor allem eins: regelmäßig genug Wasser! Und von Juli an nehmen sie auch gern noch einen Schluck Flüssigdünger dazu. Außerdem schätzen sie gelegentlich einen Eimer Kompost als Mulch. Und bevor sie zu groß werden, sollten diskret ein paar Pflanzenstützen angebracht werden. Die verschwinden dann bis im Sommer unter dem Laub, und wenn es im Herbst windig ist, kippen so die prächtigen Dahlien mit ihren großen, schweren Blütenköpfen nicht gleich um. Andererseits kann man umgekippte Dahlien auch gut einfach am Boden weiterwachsen lassen, sie bilden dann eine Art blühender Welle, was ausgesprochen originell aussehen kann.

Besonders liebe ich die großen Blütenköpfe der Kaktusdahlien in den Farben des Sonnenuntergangs. Daneben wachsen bei mir gelbe Balldahlien und einige besonders exquisite Exemplare mit auffälligen orange und weiß gemusterten Blüten. In anderen Jahren hatte ich auch schon diskretere Dahlienschönheiten, wie zum Beispiel die schwarzlaubige 'Bishop of Llandaff', die sich auch für durchgestylte, jeglichem Kitsch abgeneigte Gärten bestens eignet.

Ab in die Pfanne

Wenn der erste Frost kommt, haue ich die saftigen neuen Knollen in die Pfanne. So abwegig, wie manche denken mögen, ist das gar nicht: Die Azteken verzehrten seit jeher Dahlienknollen, und bis heute werden sie in vielen Gegenden Südamerikas ähnlich wie Kartoffeln verwendet. Tatsächlich schmecken sie je nach Sorte ähnlich wie Topinambur oder Süßkartoffeln. Und wenn man sie isst, löst sich auch das Problem mit der Überwinterung ganz von allein. In der Pfanne schmecken allerdings nur die wirklich jungen Knollen gut. Die alten, die man leicht daran erkennt, dass sie viel dunkler sind, kann man ganz gut in den Keller bringen und im nächsten Frühling wieder antreiben.

Ernten und verwenden

Nach dem ersten Frost, wenn das Laub in sich zusammenfällt, hebe ich mit einer Grabegabel die Knollen aus der Erde. Wer neugierig ist und es einmal ausprobieren möchte, kann auch schon etwas früher einige Dahlien ernten. Ab September geben die Knollen schon ordentlich was her. Die Erde gut abschütteln, dann die großen saftigen Knollen mit einem scharfen Messer wegschneiden. Gut waschen und so weiterverarbeiten wie Kartoffeln oder andere Knollengemüse. Die einfachsten Zubereitungsarten sind folgende: Die jungen Knollen in Scheiben schneiden und in Olivenöl zehn Minuten braten. Alternativ kann man sie auch in Olivenöl wenden und auf einem Blech, nach Wunsch zusammen mit anderem Gemüse, in den Ofen schieben und backen. Beide Varianten schmecken sehr lecker.

Die beliebtesten Sorten

Der Geschmack der Dahlienknollen variiert beträchtlich von Sorte zu Sorte. Manche schmecken auch roh gut, andere haben ein recht ausgeprägtes Aroma und eignen sich besser zum Kochen oder Braten. Der Pflanzenzüchter Markus Kobelt von Lubera hat speziell DeliDahlien selektioniert, deren Knollen besonders gut für die Küche geeignet sind:

'Hapet Black': schwarzrote Blüten, Knollen mit Spargel- und Kohlrabi-Geschmack
'Hapet Hoamatland': weiss-rote Blüten, Schwarzwurzelaroma
'Hapet Sunset': gelb-orangefarbene Blüten, Schwarzwurzelaroma
'Hapet Kennedy': dunkelrote Blüten, Geschmack nach Fenchel und Sellerie
'Hapet Fantastic': orangegelbe Blüten, etwas rauchig parfümiertes Aroma
'Hapet Buga München': pink-hellgelbe Blüten, Petersilienaroma

BRATDAHLIEN MIT BLÜTEN

Was ich brauche

Pro Person 2–3 Dahlienknollen
2 EL Sonnenblumenöl
Salz, Pfeffer aus der Mühle
1–2 schöne Dahlienblüten

Und so mache ich es

Die Dahlienknollen sorgfältig putzen und in kleine Stücke schneiden. Im Sonnenblumenöl anbraten. Sobald sie glasig zu werden beginnen, die Temperatur reduzieren. Mit Salz und Pfeffer würzen und auf kleiner Flamme 15 Minuten weiterbraten, bis sie weich sind.

Anrichten und mit den Blüten dekorieren.

Tipp: Dahlienblüten

Die Blüten sind essbar, haben aber keinen großen Eigengeschmack. Weil sie hübsch aussehen, mische ich die letzten Blüten des Herbstes unter die Bratdahlien. Sie eignen sich auch als Dekoration für Salate und verleihen sowohl salzigen Salaten wie süßen Fruchtsalaten das gewisse Etwas.

OCAKNOLLEN

OCA SUPERKNOLLE AUS DER NEUEN WELT

Ocaknollen (*Oxalis crenata* oder *O. tuberosa*) kennt hierzulande kaum jemand. Dabei sind sie kinderleicht zu kultivieren und bieten neben feinen Blättern für Salate vor allem wunderbar leckere Knollen, die man sonst nirgendwo kaufen kann. Das Einzige, was sie im Garten brauchen, ist ein sonniger Standort und einigermaßen guten, frischen und tiefgründig gelockerten Boden. Die Knollen werden Mitte Mai 5 cm tief ins Freiland gepflanzt, die sauerkleeartigen Blätter wuchern dann bald einen halben Meter in alle Richtungen über das Beet. Der Pflanzabstand beträgt etwa 40 cm, dann wachsen die einzelnen Pflanzen dicht ineinander, und es entsteht ein hübscher Beetabschluss. Durch gelegentliches Anhäufeln den Sommer über bilden sich größere Knollen.

Die Ocas stammen ursprünglich aus Südamerika und kamen im 16. Jahrhundert mit den Kartoffeln nach Europa. In den Anden sind sie bis heute ein beliebtes Nahrungsmittel, in Peru und Bolivien gehören sie neben der Kartoffel sogar zu den wichtigsten Grundnahrungsmitteln. Die Knollen haben einen frischen, leicht zitronigen Geschmack und schmecken auch roh sehr gut. Es gibt sie in leuchtenden Farben von Rot, Orange und Gelb bis Pink, Dunkelrot oder Violett, je nach Sorte. Die Knollen sind frosthart bis circa minus fünf Grad. In milden Gegenden und an einem geschützten Standort können sie mehrjährig sein.

Die kleinen Ocaknollen erfreuen das Auge mit ihren leuchtenden Farben und den Gaumen mit ihrem delikaten, zitronig-frischen Geschmack. In kleinen Mengen sind auch die Blätter essbar.

Ernten und verwenden

Die Knollen bilden sich erst, sobald die Tage kürzer werden. Bis in den Spätherbst hinein schwellen sie noch stark an, darum nicht zu früh ernten. Ab November buddelt man so viele aus, wie gerade benötigt werden. Denn die Ocaknollen lassen sich nicht lange lagern. In sehr kalten Gegenden müssen sie allerdings trotzdem vor dem Winter ausgegraben werden. Dann gibt man sie in Kisten mit Erde und lagert sie wie Dahlienknollen kühl und nicht zu trocken im Keller. In milden Gegenden bleiben sie dagegen im Boden. Ocas sind gute Überlebenskünstler, sodass man einige Knollen ruhig den Winter über im Beet lassen kann; sie treiben mit größter Wahrscheinlichkeit im nächsten Frühling wieder aus. Bei sehr großer Kälte können sie aber eingehen, darum zur Sicherheit immer ein paar Knollen wie oben beschrieben den Winter über im Keller aufbewahren.

Ocaknollen schmecken roh wie gekocht hervorragend. Frisch ausgegraben, haben sie einen leicht sauren Geschmack, da sie etwas Oxalsäure enthalten. Wenn sie ein paar Tage an die Sonne gelegt werden, baut sich die Säure ab, und der Geschmack wird süßer.

Die Knollen werden nicht geschält; sie haben roh einen knackigen Biss, ähnlich wie Karotten. Wie kleine Karotten können sie auch gekocht werden. Mit Butter oder einem milden Olivenöl verfeinert, sind sie eine wahre Delikatesse. Vom Nährwert her entsprechen sie in etwa Kartoffeln.

Die Blätter schmecken erfrischend säuerlich, ähnlich wie Sauerklee. Da sie Oxalsäure enthalten, sollten sie nicht in großen Mengen konsumiert werden. Sie lassen sich kaum aufbewahren, also immer nach Bedarf frisch ernten. Ocablätter werden wie alle oxalsäurehaltigen Blätter entweder im Frühling oder spät im Herbst geerntet, nicht aber im Sommer während der heißen Monate, denn dann enthalten sie definitiv zu viel Säure.

OCA-TZATZIKI

Was ich brauche

1 Handvoll frische Ocaknollen
1 Bund frisches Ocagrün (ersatzweise anderes roh genießbares Gemüse, z. B. Radieschen, Gurken, Karotten sowie Kräuter wie Petersilie, Minze oder Schnittlauch)
2 Knoblauchzehen
300 g griechischer oder türkischer Joghurt
Salz, Pfeffer aus der Mühle
etwas Zitronensaft
Fladenbrot oder Baguette

Und so mache ich es

Die Ocaknollen gut waschen und in feine Scheibchen schneiden. Das Ocagrün waschen und fein schneiden.

Die Knoblauchzehen pressen und unter den Joghurt mischen. Mit Salz, Pfeffer und Zitronensaft abschmecken.

Das Ocagrün und die Ocakscheibchen untermischen, alles gut verrühren und im Kühlschrank etwas ziehen lassen.

Zusammen mit leicht aufgewärmtem Fladenbrot oder mit Baguette servieren.

EWIGER STRAUCHKOHL UND ROTE BETE

STRAUCHKOHL ZUM STAUNEN UND SCHLEMMEN

Eines meiner Lieblingswintergemüse ist der Strauchkohl, *Brassica oleracea* L. var. *ramosa*. Da er mehrjährig ist und immer weiterwächst, wird er auch Ewiger Kohl genannt. Kaum eine andere Pflanze bietet mit so wenig Aufwand das ganze Jahr über eine derart ergiebige und schmackhafte Ernte.

Ein pflanzliches Perpetuum mobile

Meinen ersten Strauchkohl bekam ich vor Jahren geschenkt. Ich kannte die Pflanze damals noch nicht und war äußerst erstaunt, dass es so etwas überhaupt gibt: Ein Kohl, der immer weiterwächst, der sogar noch stärker wächst, je mehr man davon erntet. Ein Kohl, der Jahr für Jahr überdauert, ohne jemals zu blühen und Samen zu bilden. Er ist das pflanzliche Pendant zum Perpetuum mobile, eine faszinierende Pflanze. Seither wachsen immer einige Exemplare dieser wundersamen Pflanze in meinen Gärten und auch mal in einem großen Kübel auf dem Balkon. Dass der Strauchkohl so gut wie nie blüht und Samen ansetzt, ist sicher einer der Hauptgründe, wieso man ihn so selten findet. Er ist eben in den Samenkatalogen nicht vertreten und kommerziell alles andere als interessant. Im Gartencenter würde er als junge Pflanze auch nicht viel hermachen. Man muss ihn schon genau kennen, um zu wissen, wie wertvoll er ist. Und so wird er bis heute meist in Form von Stecklingen unter Pflanzenfreunden weitergereicht. Eigentlich auch schön, dass es noch solche Pflanzen gibt, die nur unter Liebhabern zirkulieren, ganz abseits der großen Gartencenter und des kommerziellen Anbaus.

Schon die alten Römer kannten ihn

Auch wenn er in den letzten Jahrhunderten in den einschlägigen Gemüse- und Kräuterbüchern so gut wie nie erwähnt wurde, ist der Strauchkohl schon seit über zweitausend Jahren bekannt. Der griechische Arzt Pedanius Dioscorides beschrieb im Jahr 60 n. Chr. einen Sprossenkohl mit zahlreichen Seitentrieben, die immer wieder geschnitten wurden. Und der römische Naturwissenschaftler Gaius Plinius Secundus beschrieb ihn folgendermaßen: »Vor Kurzem ist auch eine seeturmige Kohlart aus dem aricinischen Tale, wo ehemals ein See war und noch ein Turm steht, bekannt geworden, welche einen sehr großen Kopf und zahllose Blätter trägt, und von der einige sich rundum ausdehnen, andere in die Breite wachsen.«

Ziemlich verbreitet ist der Strauchkohl in Belgien, in einigen Gegenden Russlands sowie in der Eifel, wo er auch »Ewiges Moos« genannt wird. In Westfrankreich und in England ist die Pflanze ebenfalls bekannt, und sogar in einigen subtropischen Gegenden gedeiht sie.

Fröhlicher Wucherer

Der Strauchkohl verzweigt sich fleißig und bildet zahlreiche Sprossen, die sich später auf den Boden legen und dort neue Wurzeln schlagen. Er treibt auch immer wieder neu aus. Rasch einmal beansprucht so ein einzelner Strauchkohl einen guten Quadratmeter Platz für sich. Insgesamt neigt er zum Wuchern, was aber natürlich mehr als willkommen ist, weil so ständig geerntet werden kann. Hat einmal ein Strauchkohl im Garten Fuß gefasst, ist immer genug Grünfutter für die Küche vorhanden. Und das Beste daran: Er schmeckt relativ mild und ist selbst für empfindliche Mägen viel bekömmlicher als andere Kohlarten.

Der Strauchkohl ist winterhart bis zu minus 15 Grad. Bei tieferen Temperaturen empfiehlt es sich, ihm ein Vlies oder eine alte Decke überzuwerfen, um ihn in die nächste

Verschiedene Winterkohlarten

Neben dem Ewigen Kohl gibt es noch diverse andere Kohlgewächse, die im Winter wertvolles Grün für die Küche liefern. Besonders lecker ist der Portugiesische Kohl (*Brassica oleracea* var. *costata* var. *tronchuda*), der dicke, fleischige Rippen bildet, die für sich ein zart schmeckendes, delikates Gemüse ergeben. Aber auch die grünen Blätter lassen sich verwenden. Der überall auf dem Markt erhältliche Wirsing oder Wirz (*Brassica oleracea* var. *saubada*) findet in diversen deftigen Gerichten wie Eintöpfen und Suppen Verwendung, und aus den äußeren Blättern lassen sich auch Kohlrouladen herstellen. Interessant sind außerdem die Federkohlarten (*Brassica oleracea* convar. *acephala* var. *sabellica*), von denen es neben dem schwarzen Palmkohl vor allem grüne, aber auch sehr schöne violette Sorten gibt. Für Abwechslung ist also gesorgt im winterlichen Kohlgarten. Bei den meisten Kohlarten wird durch den Frost die enthaltene Stärke in Zucker umgewandelt, wodurch sie milder schmecken. Auch durch die lange Wachstumsphase werden sie milder und süßer und sollten darum möglichst spät geerntet werden.

Saison hinüberzuretten. Man kann ihn aber auch zurückfrieren lassen, im Frühling treibt er meist wieder aus. Zur Sicherheit empfehle ich aber, im Spätsommer einige Stecklinge zu entnehmen, bewurzeln zu lassen und an einem frostfreien Ort zu überwintern.

Achtung Mitesser!

Da der Strauchkohl kräftig wächst, braucht er ordentlich Nahrung. Ich kippe ihm jeweils im Frühling und im Herbst einen Eimer frischen Kompost auf die Füße. Und im Sommer muss dafür gesorgt werden, dass er stets ausreichend Wasser hat. Die Wurzeln reichen mit der Zeit einigermaßen tief, sodass die Pflanze ein paar Sommertage auch ohne Gießen überlebt. Doch anschließend muss sie sehr kräftig gegossen werden, damit die Blätter nicht vergilben. Grundsätzlich gedeiht der Strauchkohl sowohl an sonnigen wie halbschattigen Standorten, selbst im lichten Schatten kann er zurechtkommen. Er benötigt aber in jedem Fall einen nahrhaften und humosen Boden.

Leider hat es sich auch unter den Schnecken herumgesprochen, wie gut der Strauchkohl schmeckt, und sie besuchen ihn daher eifrig. Bei größeren Exemplaren ist das zu verschmerzen, aber bei jungen Pflanzen muss unbedingt ein Schneckenschutz, zum Beispiel ein Schneckenzaun, angebracht werden. Auch Raupen und weiße Fliegen schätzen die zarten, stark nach Kohl duftenden Blätter. Wenn ein Exemplar sehr stark befallen ist, schneide ich es bodeneben ab und entsorge alles. Die Pflanze treibt rasch wieder aus. Was ihr hingegen wirklich zu schaffen macht, sind winterliche Wühlmausplagen. Dagegen hilft nur eins: Stets ein paar junge Reservepflanzen in Töpfen an einem sicheren Ort kultivieren, um im Notfall Ersatz zu haben. Oft braucht man auch nur bewurzelte Teile von den Sprossen, die sich auf den Boden gelegt haben, abzuschneiden und neu einzupflanzen. Diese selbst vermehrten Strauchkohlpflanzen sind auch begehrt als Geschenke für Gartenfreunde, die noch keine haben. Ich pflanze die Stecklinge jeweils Ende Mai ins Freiland. Dann ist es warm genug, und sie wachsen rasch an. Man kann den Strauchkohl aber die ganze Sommersaison über problemlos vermehren, und immer mal wieder ein paar Stecklinge weiterverschenken.

Ernten und verwenden

Am besten schmecken die frischen, jungen Blätter. Ich schneide ganze Stiele eine knappe Handbreit über dem Boden ab, dann treibt er immer wieder neu aus. Das ist von Vorteil, da die unteren Blätter mit der Zeit gelb werden. Wenn nur wenig gebraucht wird, kann man natürlich auch einzelne Blätter nach Bedarf ernten. Dann schneide ich zwischendurch die nicht mehr schönen Stiele ganz ab, so bleiben die Büsche einigermaßen kompakt.

Die Vielfalt der Kohlgewächse ist enorm: Oben links Federkohl, rechts violetter Rosenkohl, unten links Wirsing, unten rechts ein spanischer Stielkohl.

Strauchkohl kann wie andere Kohlarten in jeder erdenklichen Art zubereitet werden, beispielsweise wie der in Norddeutschland beliebte Grünkohl. Er eignet sich auch als Zutat zu diversen Eintöpfen. Außerdem machen sich ein paar Kohlblätter immer gut in asiatischen Gemüsepfannen. Kohlgemüse ist generell sehr nahrhaft und bekömmlich und kann in unzähligen Varianten immer wieder neu auf den Tisch gebracht werden. Einfacher und billiger kommt man auf jeden Fall kaum zu so vielen gesunden Vitaminen. Kohl ist außerdem bekannt dafür, dass er krebsvorbeugend wirken kann, er fördert die Verdauung und ist insgesamt eines der gesündesten, nachhaltigsten Nahrungsmittel aus dem eigenen Garten. Kohl in immer wieder neuen Variationen, kombiniert mit Getreide, Wurzelgemüse und Kartoffeln, sichert eine längerfristig gesunde und gute Ernährung. Und das praktisch ohne einen ökologischen Fußabdruck zu hinterlassen. Eine geniale Pflanze, in jeder Hinsicht!

DIE ROTE SUPERKNOLLE

Rote Beten (*Beta vulgaris* var. *esculenta*), auch Randen genannt, waren bereits im alten Ägypten und später bei den Griechen und Römern ein beliebtes Gemüse. Die an Aufbaustoffen, Vitaminen und Mineralien reichen modernen Sorten wurden erst im 19. und 20. Jahrhundert gezüchtet. Sie sind äußerst vielfältig verwendbar. Der Saft wird roh getrunken und oft auch als Lebensmittelfarbstoff verwendet. Die runden oder je nach Sorte zylinderförmigen Knollen können roh oder gekocht als schmackhafte Salate zubereitet werden. Gebacken oder gebraten, entwickeln sie einen besonders eigenen, süßen Geschmack. Ein Klassiker sind im Ofen gebackene Rote Bete mit Ziegenkäse. Und natürlich darf der Borschtsch aus dem Osten nicht unerwähnt bleiben, eine beliebte Suppe aus pürierten Roten Beten, mit Sauerrahm abgeschmeckt.

Einfach zu kultivieren

Rote Beten sind im Garten nicht anspruchsvoll. Am besten gedeihen sie auf wasserhaltigen, tiefgründigen, humosen Lehmböden. Im Frühling bekommt man überall Setzlinge, die leicht anwachsen. Die großen Samen können aber auch sehr einfach selbst ausgesät werden. Dies sollte nicht vor Anfang April geschehen, sonst können sie aufschießen. Es lohnt sich, während der Saison mehrmals etwas nachzusäen, sodass gestaffelt immer ein paar Knollen erntereif werden. Besonders zum Herbst hin sind Randen ein dankbares Gemüse. Sie vertragen einige Minusgrade und können in milden Gegenden gut bis Ende Jahr im Beet stehen bleiben und nach Bedarf geerntet werden. In kalten Gegenden entnimmt man die Knollen vor dem Winter und lagert sie im Keller ein. Natürlich können sie auch gekocht und in Essig eingelegt werden, so lassen sie sich über Monate konservieren.

Die meisten Sorten haben tiefrotes Fleisch. Beliebt ist aber auch die weiß-rot gestreifte Sorte 'Chioggia' aus Italien, die besonders als Carpaccio ein Hingucker ist. Außerdem gibt es auch gelbe und weiße Sorten. Wer Abwechslung mag, kann eine bunte Samenmischung aussäen, um alle Farben im Garten zu haben. Beim Kochen ist zu beachten, dass die roten Sorten stark färben und nicht mit weißen und gelben Knollen zusammen gekocht werden dürfen. Sonst sehen am Ende alle gleich aus.

STRAUCHKOHLWICKEL MIT BULGURFÜLLUNG UND ROTE-BETE-SAUCE

Was ich brauche

Für die Sauce:
1 große oder 2 kleine Rote Beten (Randen)
2 Schalotten
1 Msp. scharfer Paprika
1 TL gemahlener Kreuzkümmel
Salz, Pfeffer aus der Mühle

Für die Kohlwickel:
1 Tasse Bulgur
Salz, Pfeffer aus der Mühle
2 mittelgroße Strauchkohlblätter
1 TL Sauerrahm

Und so mache ich es

Für die Sauce die Rote Bete schälen, in Stücke schneiden und weich kochen.

Die Schalotten schälen, in Stücke schneiden, dazugeben und alles 10–15 Minuten dämpfen. Dann mit dem Stabmixer pürieren. Mit Paprika, Kreuzkümmel, Salz und Pfeffer würzen, gut mischen.

Für die Kohlwickel den Bulgur nach Packungsangabe weich kochen. Mit Salz und Pfeffer abschmecken.

Die Kohlblätter waschen, in kochendem Wasser weich kochen und abtropfen lassen.

Den Bulgur auf den Kohlblättern verteilen und einwickeln. Die Kohlwickel auf der heißen Sauce anrichten und mit Sauerrahmklecksen garnieren.

Tipp

Zu diesem Gericht passen Granatapfelkerne; einfach eine Handvoll darüberstreuen. Wer keinen Strauchkohl hat, kann dieses Rezept auch mit Weißkohl- oder Wirsingblättern zubereiten. Auch schöne Kohlrabiblätter eignen sich dafür.

MEIN GARTENJAHR

JANUAR

Im Garten

- Alle Kübelpflanzen im Winterquartier regelmäßig kontrollieren, gelegentlich etwas gießen. Aufpassen, dass sich keine Schädlinge vermehren und ausbreiten.
- Schnee von immergrünen Gehölzen schütteln, damit die Äste nicht abbrechen.
- Werkzeug aufräumen, Rasenmäher und andere Geräte zur Reparatur bringen, Spaten schleifen und ölen, Holzgriffe mit Leinöl einreiben.
- Töpfe, Kistchen und Kübel von Erdresten befreien und gründlich reinigen. Saatschalen reinigen, Schilder und noch vorhandene Samentüten sortieren.
- Pläne zeichnen; überlegen, was in welcher Menge wo angebaut werden soll.
- Pflanzenkataloge studieren, Saatgut bestellen, Lieblingssorten und neue Sorten zum Experimentieren auswählen.
- Keimsprossen und Kresse drinnen säen; abgelaufene Samen von diversen Gemüsepflanzen auf diese Weise aufbrauchen (Salat, Rote Bete, Mangold, Kohlgewächse usw.).
- An eisigen Tagen frisches Wasser und Futter für die Vögel bereitstellen.

In der Küche

- Lagergemüse und Lagerobst allmählich aufbrauchen.
- Kräuter auf der Fensterbank nach Bedarf ernten.
- Strauchkohl, Palmkohl, Wirsing und Rosenkohl im Garten nach Bedarf ernten.
- Wenn kein Schnee liegt, nach Bedarf Topinambur und andere Knollen frisch ausgraben.
- Rosmarin und andere immergrüne Kräuter nach Bedarf ernten.

FEBRUAR

Im Garten

- Samenstände vom Vorjahr aus den Beeten entfernen.
- Sobald es taut, altes Laub der Stauden entfernen, damit es den Neuaustrieb nicht behindert, Winterschutz kann je nach Lage entfernt werden.
- Tomaten, erste Kräuter und Balkonblumen für den Sommer auf dem Fenstersims säen.
- Bäume und Büsche schneiden, falls nicht schon im Herbst geschehen.
- Obstgehölze auslichten.
- Sobald kein Schnee mehr liegt, Mist und Kompost auf den Beeten verteilen.
- Kübelpflanzen an einen helleren Ort stellen, etwas mehr gießen.
- Die ersten Frühkartoffeln drinnen in Eimern starten.
- Erbsen in Klopapierrollen säen und auf einem hellen Fenstersims vorkultivieren.
- Nistkästen für die Vögel anbringen.

In der Küche

- Lagergemüse und Lagerobst aufbrauchen.
- Japanischen Senf und Feldsalat ernten.
- Erste Primelblüten in der Küche verwenden.
- Palmkohl und andere Kohlgemüse aufbrauchen, bevor sie wieder austreiben.
- Wenn kein Schnee liegt, weiterhin Topinambur und andere Knollen ernten, diese langsam aufbrauchen, bevor sie neu austreiben.
- Keimsprossen und Kresse von der Fensterbank ernten.

MÄRZ

Im Garten

- Kräuter, Gemüse und einjährige Blumen in Schalen, Jiffypots aus Torfersatz oder Joghurtbecher mit Loch im Boden säen.
- Radieschen direkt draußen ins Beet säen.
- Puffbohnen direkt ins Beet säen und mit Vlies abdecken, damit sie früh keimen.
- Den Boden lockern und die Gemüsebeete vorbereiten.
- Nach den weißen Schneckeneiern Ausschau halten und diese möglichst einsammeln.
- Kartoffeln vortreiben oder in milden Gegenden direkt ins Freiland pflanzen.
- Schwarze Folie auf den Beeten auslegen, damit sich der Boden rascher erwärmt.
- Rosen schneiden und düngen. Die beste Zeit dafür ist der Beginn der Forsythienblüte.
- Wurzelnackte Rosen pflanzen.
- Beerensträucher schneiden.
- Sträucher, Hecken und Bäume pflanzen.
- Nach Bedarf im Gartenhandel Blumenzwiebeln kaufen und in Lücken ins Beet oder in leere Gefäße pflanzen. Dazu kommen Hornveilchen und Bellis, falls vom Vorjahr nicht noch welche vorhanden sind.
- Kübelpflanzen in frische Erde umtopfen. Dabei die Wurzeln gut lockern und etwas zurückschneiden; das verjüngt die Pflanzen.
- Gemüsesetzlinge und einjährige Sommerblumen auf der Fensterbank oder im hellen Treppenhaus vorziehen.
- Tomatensetzlinge einzeln eintopfen, sobald sie die ersten Blätter zeigen. Dabei immer an den Blättern und nicht an den empfindlichen Stielen anfassen.

In der Küche

- Die ersten Blütensprosse von Palmkohl und Federkohl können nun geerntet werden.
- Gänseblümchen, Primeln und andere frühe essbare Blüten ernten.
- Im Garten die ersten frühen Kräuter ernten.
- Den ersten frischen Austrieb der Brennnesseln ernten und als Blattgemüse verwenden.
- Sauerampfer, Blutampfer und Sauerklee ernten, sobald die ersten Pflanzen auftauchen.
- Regelmäßig Kresse von der Fensterbank ernten.

APRIL

Im Garten

- Robuste Gemüse direkt ins Freiland oder in Pflanzgefäße auf dem Balkon säen.
- Setzlinge von robustem Gemüse wie Kohlrabi, Lauch und Fenchel ins Gemüsebeet pflanzen.
- Vorgezogene eigene Setzlinge von robusten Gemüsen ins Freiland pflanzen, gut angießen.
- Essbare Sommerblumen direkt in die Lücken in den Beeten oder in Töpfe auf dem Balkon säen.
- Stauden und mehrjährige Kräuter teilen und neu einpflanzen, Kompost beigeben.
- Den Rasen mähen und düngen, sobald die ersten Forsythien blühen.
- Lilien, Zierlauch, Gladiolen und andere sommerblühende Zwiebelblumen pflanzen.
- Die ersten Kartoffeln können jetzt gesetzt werden.
- Pflanzzeit für Sträucher: Reben und Kiwi pflanzen.
- Frühlingsblühende Sträucher nach der Blüte wo nötig zurückschneiden.
- Mediterrane Kübelpflanzen jetzt wieder regelmäßig düngen.
- Im Garten regelmäßig Schneckeneier und Schnecken einsammeln.
- In den Beeten jäten, sobald die ersten unerwünschten Beikräuter auftauchen.

In der Küche

- Jetzt ist Bärlauchzeit, es darf geerntet werden.
- Die überall sprießenden Kräuter und essbaren Frühlingsblumen ernten.
- Fleißig Brennnesseln schneiden und in der Küche verwenden, jetzt sind sie noch zart.
- Die ersten Bambussprossen ernten, sobald sie aus dem Boden schießen.
- Die ersten Funkiensprossen und Straußenfarne ernten, sobald sie sich zeigen.
- Hornveilchen, Primeln, Duftveilchen und Gänseblümchen pflücken und in der Küche verwenden.
- Die ersten Radieschen können geerntet werden.
- Mangold treibt neu aus, eine Bereicherung des Speisezettels.
- Laufend Palmkohlblüten und den ersten Brokkoli ernten.

MAI

Im Garten

- Hohe Stauden aufbinden, bevor der Wind sie knickt.
- Die ersten eigenen Saaten ausdünnen und Setzlinge pikieren.
- Zweijährige Blumen wie Bellis, Hornveilchen usw. säen.
- Nach den Eisheiligen, Mitte Mai, Begonien, Dahlien, Süßkartoffeln und Ocaknollen pflanzen.
- In regelmäßigen Abständen Salatsetzlinge pflanzen und Schnittsalat säen.
- Wildtriebe an den Rosen abreißen, Abgestorbenes ausschneiden.
- Ab Mitte Mai, nach den Eisheiligen, Stangenbohnen und Buschbohnen aussäen.
- Zu groß gewordene Kübelpflanzen schneiden, umtopfen, düngen und langsam an die Freilandbedingungen gewöhnen. Achtung, am Anfang nicht direkt in die pralle Sonne stellen!
- Jäten, jäten, jäten und Schnecken jagen.

- Dickmaulrüssler, Blattläuse und Lilienhähnchen im Auge behalten, Engerlinge absammeln.
- Die ersten Sommergemüse pflanzen.
- Wenn nötig und wo nötig morgens und/ oder abends gießen.
- Obst- und Beerengehölze bei Trockenheit gründlich gießen, sodass sie gut Früchte ansetzen.
- Bei Äpfeln und anderem Obst zu reichlichen Fruchtbehang ausdünnen, sonst werden die Früchte nicht groß und schön.

In der Küche

- Weiterhin regelmäßig Radieschen, diverse frische Blätter, Schnittsalate und Kräuter ernten.
- Staudenknöterich schneiden und wie Rhabarber zubereiten.
- Diverse Beikräuter jäten und am besten aufessen.
- Weiterhin bei Bedarf junge Bambussprossen ernten.
- Erbsenblätter ernten und für Salate verwenden.
- Diverse ausgedünnte Setzlinge, junge Zucchiniblätter und überzählige Kürbissetzlinge als Gemüse zubereiten.

JUNI

Im Garten

- Balkonblumen regelmäßig gießen und düngen, Verblühtes entfernen.
- Kräuter in Pflanzgefäßen regelmäßig gießen, nur sehr spärlich düngen.
- Bei Rosen, Stauden und Balkonblumen Verblühtes regelmäßig ausbrechen.
- Jetzt, wo die meisten Schnecken eingesammelt sind, die Beete gut gießen und eine organische Mulchschicht ausbringen.
- Frühblüher wie Rittersporn, Phlox, Frauenmantel und Storchschnabel nach der Blüte zurückschneiden und düngen, dann blühen sie noch ein zweites Mal.
- Die Samenstände der Akeleie ausbrechen, falls sie sich zu sehr ausbreiten.
- Containerrosen und Gehölze in Lücken pflanzen.
- Lücken im Beet mit einjährigen essbaren Blüten und/oder weiteren Gemüsesetzlingen füllen.
- Erbsen, Lauch und Kohlpflanzen mit Kompost etwas anhäufeln.
- Nicht vergessen, auch den Tomaten etwas frischen Kompost zu gönnen.
- Abgeerntete Salat- und andere Beete mit Fenchel, Randen, Kohlarten und weiteren Gemüsesetzlingen nachpflanzen.
- Radieschen, Rote Bete, Mangold und Sommersalate nachsäen, nochmals Lauch, Kohl, diverse Salatsetzlinge und Fenchel pflanzen.
- Zweijährige Blumen wie Stockrosen und andere Malven jetzt aussäen.
- Gemüsesaaten kontrollieren, ausdünnen, jäten und gießen.

In der Küche

- Nun kann regelmäßig Salat geerntet werden.
- Rhabarber, Staudenknöterich und Spargeln noch bis zum 24. Juni ernten, danach nicht mehr.
- Jetzt sind die ersten Erbsen pflückreif.
- Die ersten Puffbohnen warten darauf, geerntet zu werden.
- Rosenblüten schneiden und in allen Varianten in der Küche verwenden.
- Endlich: Nun sind auch die Erdbeeren reif!
- Ausgedünnte junge Gemüsepflänzchen in der Küche verwenden.
- Junge Weinrebenblätter pflücken, nun sind sie am zartesten. Blätter auf Vorrat pflücken und einfrieren.
- Ein Highlight der Saison: Überschüssige Zucchiniblüten ernten und frittieren.
- Das köstliche junge Fenchelgrün ernten.
- Junge Mangoldblätter und frische Kohlblätter ernten und mit in den Salat geben.
- Funkienblätter ernten und zubereiten wie Blattspinat.
- Frisches Basilikum ernten: Stets die Triebspitzen einkürzen, so werden sie schön buschig.
- Minze laufend ernten, frisch verwenden und den Rest trocknen. Jetzt schmeckt sie am intensivsten.

JULI

Im Garten

- Hecken und Buchs schneiden.
- Ziergehölze und Stauden durch Stecklinge vermehren.
- Knollenfenchel, Rettich, Mangold und weiterhin Radieschen säen.
- Eis- und Kopfsalat sowie Rucola säen, bei Bedarf noch einmal Basilikum säen.
- Kohlrabi, Lauch, Chinakohl und Winterkohlarten wie Grünkohl und Wirsing als Setzlinge pflanzen.
- Tomaten ausgeizen, das heißt, die jungen Triebe in den Blattachseln herausbrechen.
- Tomaten und andere Gemüse nochmals mit Kompost anhäufeln, so werden sie standfester und entwickeln kräftige Wurzeln.
- Nicht vergessen: regelmäßig jäten!
- Kübel- und Topfpflanzen regelmäßig gießen und düngen, Verwelktes entfernen.
- Einmal blühende Kletter- und Strauchrosen wo nötig schneiden, diejenigen, die Hagebutten bilden, nicht schneiden.
- Verblühtes von Beet- und Edelrosen regelmäßig ausschneiden und entsorgen.
- Schwertlilien nach der Blüte ausgraben und teilen.
- Steinobst nach der Ernte schneiden.
- Den Rasen nach Bedarf wässern, ein zweites Mal düngen.
- Bei Sommerhimbeeren sämtliche abgeernteten Ruten bodeneben abschneiden.
- Bei Schwarzen Johannisbeeren die fruchttragenden Ruten teilweise bodeneben herausschneiden.
- Bei Roten Johannisbeeren nach der Ernte nur einige alte Zweige herausschneiden.

In der Küche

- Kräuter wie Basilikum, Koriander oder Minze vor der Blüte ernten, da sie sonst stark an Aroma verlieren; trocknen und in dunklen Gläsern aufbewahren.
- Thymian und Oregano mit den Blüten ernten und trocknen.
- Junge Feuerbohnen vorneweg pflücken. Junge Zucchini ernten.
- Es ist soweit: Die ersten frühen Kartoffeln können geerntet werden.
- Nun werden auch die Beeren reif und können geerntet werden.
- Fenchelknollen und Kraut weiter ernten.
- Malvenblüten, Begonienblüten, Ringelblumen, Kapuzinerkresseblüten und Dahlienblüten nach Lust und Laune verwenden.
- Regelmäßig Puffbohnen und Erbsen ernten.
- Die Obsternte beginnt.
- Bohnenblätter, Pastinakenblätter, Süßkartoffelblätter und andere Blattgemüse zubereiten. Jeweils maximal ein Drittel der Blätter ernten, damit die Pflanzen noch gut weiterwachsen. Nach der Ernte kräftig gießen.

AUGUST

Im Garten

- Jetzt kann man noch Spinat, Feldsalat, Mangold, Radieschen und japanische Salate säen.
- Die letzten Kohlrabisetzlinge sowie Lauch pflanzen.
- Herbstsalate wie Endivien, Zichorien und Zuckerhut pflanzen.
- Zwiebeln von Madonnenlilien sowie Kaiserkronen pflanzen.
- Tomaten pflegen: Die Stäbe überprüfen und die Stauden gut aufbinden. Weiterhin ausgeizen. Den Haupttrieb kappen, sobald er zu hoch wird.
- Neue Erdbeeren für die nächste Saison pflanzen oder Ableger versetzen und/oder weiterverschenken.
- Kohlweißlinge auf Kohlpflanzen einsammeln, auf Befall mit Blattläusen achten.
- Wurzelechte alte Rosensorten mit Stecklingen vermehren.
- Stauden und mehrjährige Kräuter nach der Blüte bei Bedarf teilen und neu einpflanzen.
- Die verblühten Stiele von Lavendel nach der Blüte zurückschneiden.
- Die Samen von Sommerblumen ernten und trocknen, für die nächste Saison an einem trockenen Ort aufbewahren.
- Kernobst schneiden.
- Dahliensträuße binden.

In der Küche

- Zucchini, Fenchel, Rote Bete und alles andere reife Gemüse regelmäßig nach Bedarf ernten.
- Bohnen regelmäßig ernten. Falls zu viele auf einmal reifen, kann man sie einfrieren oder dörren.
- Jetzt ist die Erntezeit für Spätkartoffeln.
- Die Apfelernte beginnt, die ersten reifen Äpfel warten darauf, gepflückt zu werden.
- Auch andere Obstbäume und Beeren können nun geerntet werden.
- Artischocken und Kardyblüten ernten, bevor die Knospen aufblühen.
- Fetthennenblätter nach Bedarf ernten.
- Die ersten Feigen reifen nun heran und wollen gepflückt werden.
- Ebenfalls Erntezeit für den Malabarspinat.
- Nun kann großzügig Basilikum geerntet werden, ideal, um daraus Pesto herzustellen.

SEPTEMBER

Im Garten

- Nun ist es Zeit, Spinat zu säen.

- Pak Choi, Kohlrabi, Radicchio, Chinakohl und Wintersalate als Setzlinge auspflanzen.

- Winterlauch und späte Kohlarten nochmals gut mit Kompost anhäufeln.

- Blumenzwiebeln besorgen, die größten Sorten zuerst pflanzen.

- Auf frei gewordenen Beeten den Boden nach Bedarf bearbeiten, auf brachliegenden Flächen Gründüngung einsäen.

- Schneeglöckchen möglichst sofort nach dem Kauf pflanzen.

- Zweijährige Frühlingsblumen wie Stiefmütterchen, Hornveilchen, Bellis und Vergissmeinnicht säen.

- Hecken und Beerenobst schneiden.

- Neue Rosen als wurzelnackte Ware bestellen.

- Pflanzzeit für Beetstauden.

- Nicht mehr düngen! Insbesondere keinen Stickstoff mehr. Rosen ab jetzt mit Kalidünger versorgen, sodass die Triebe für den Winter aushärten können.

- Immergrüne Laub- und Nadelgehölze pflanzen, schneiden.

- Hecken pflanzen.

- Mehrjährige Kräuter teilen und vermehren, mit etwas Kompost frisch einpflanzen.

In der Küche

- Zucchini, Rote Bete und anderes Gemüse nach wie vor regelmäßig ernten.

- Weiterhin Bohnen ernten, bei Bedarf einfrieren oder dörren.

- Nun ist die Haupterntezeit für Äpfel und Birnen.

- Auch Weintrauben und andere Obstarten können geerntet werden.

- Die richtige Zeit, um Süßkartoffeln zu ernten.

- Die Samenstände der Brennnesseln abschneiden und frittieren.

- Weiterhin Fetthennen und Feigen ernten.
- Karotten ernten.

- Falls noch schöne Wasabiblätter, Funkienblätter und anderes gut aussehendes essbares Grün vorhanden ist, jetzt ernten und zubereiten, bevor die ersten kalten Nächte kommen.

- Malven-, Kapuziner-, Dahlien- und Rosenblüten großzügig in der Küche verwenden.

OKTOBER

Im Garten

- Zwiebeln und Knoblauch für die nächste Saison stecken.
- Tulpen, Narzissen und weitere Blumenzwiebeln für das Frühjahr in die Erde bringen.
- Allmählich das Winterquartier für die Kübelpflanzen vorbereiten.
- Anfang des Monats Kardy bleichen: Dazu gut in Karton oder Packpapier einwickeln.
- Eine gute Zeit, um Rosen, Büsche und Bäume zu pflanzen.
- Ausgereifte Stecklinge von Ziergehölzen in die Erde stecken.
- Empfindliches Gemüse wenn nötig mit Vlies vor den ersten Nachtfrösten schützen.
- Dahlien, Begonien, Süßkartoffeln und andere kälteempfindliche Knollenpflanzen jetzt ernten. Knollen zum Überwintern und Weiterkultivieren, gut beschriftet, frostfrei und dunkel in etwas Erde im Keller einlagern.
- Kübel und Schalen mit Herbstblühern wie Hornveilchen und Stiefmütterchen bepflanzen.
- Wo nötig, den Boden umgraben. Falls viele Regenwürmer vorhanden sind, diese in Ruhe die Arbeit allein machen lassen!
- Kompost jetzt umschichten, halbreifen Kompost als Mulch wo nötig auf die Beete ausbringen.
- Unter Glas kann jetzt noch Rucola, Feldsalat, Spinat und Winterportulak gesät werden. Falls genug Platz vorhanden, einen Frühbeetkasten zu diesem Zweck einrichten.

In der Küche

- Alle Gurken und Buschbohnen sowie Paprika und Tomaten vor dem ersten Kälteeinbruch ernten.
- Grüne Tomaten zusammen mit einem Apfel in eine Papiertüte legen, damit sie nachreifen.
- Weiterhin diverse Obstsorten und Gemüse ernten und einlagern.
- Kürbisse und Zucchini ernten.
- Weiterhin Taroknollen, Dahlienknollen und Süßkartoffeln ernten.
- Nüsse ernten und gut trocknen.
- Fuchsienbeeren und die Blüten der Fliederfuchsien sind nun erntereif.
- Auch Aroniabeeren können nun geerntet werden.
- Lilienknollen ernten und frisch in der Küche verwenden.
- Begonienblätter und -blüten aufbrauchen, bevor der erste Frost kommt.
- Die ersten neuen Hornveilchen in der Küche verwenden.
- Die letzten Kiwi pflücken und unreife Früchte im Keller nachreifen lassen.

NOVEMBER

Im Garten

- Laubbäume, Sträucher und Laubhecken inspizieren und bei Bedarf schneiden.
- Die letzten kleinen Blumenzwiebeln wie Krokusse und Traubenhyazinthen können jetzt noch gepflanzt werden.
- Empfindliche Kübelpflanzen zu Beginn des Monats ins Winterquartier räumen.
- Gemüse wenn nötig mit Vlies vor Frost schützen.
- Winterschutz bereithalten für empfindliche Pflanzen, die draußen bleiben sollen.
- Brunnen und Wasserspiele im Garten abstellen, Wasserleitungen entleeren.
- Gartenschläuche und Gießkannen einräumen, sie werden vom Frost brüchig.
- Gartenmöbel einräumen und verstauen.
- In kalten Gegenden Rosen zum Schutz vor Frost anhäufeln und mit Fichtenzweigen gut abdecken.
- Auch Artischocken anhäufeln und abdecken, um sie sicher über den Winter zu bringen.
- Kälteempfindliche Stauden mit einem Winterschutz versehen.
- Laub aufsammeln, in Säcken kompostieren und später bei den Pflanzen ausbringen, die sauren Boden mögen.
- Wintersalate mit Folie oder Reisig abdecken, damit sie möglichst lange halten.
- Die Töpfe von Kübelpflanzen, die im Freien bleiben sollen, in Noppenfolie, Bambusmatten oder Jute einpacken. Mehrere Töpfe zusammen eingepackt sind besser vor Frost geschützt, wenn Laub in die Zwischenräume gestopft wird.
- Die richtige Zeit, um Sommerhimbeeren zu schneiden.
- Jetzt Beerenobst durch Steckhölzer vermehren.
- November ist Pflanzzeit für Obstbäume.

In der Küche

- Salate und nicht winterharte Kräuter vor dem Frost aufbrauchen.
- Nochmals ordentlich Mangold schneiden und verwenden.
- Japanischen Senf und späte Salate ernten.
- Nach wie vor Wurzelgemüse nach Bedarf ernten.
- Ab Mitte des Monats Kardy ernten.
- Ocaknollen und Dahlienwurzeln sind nun erntereif.
- Topinambur nach Bedarf ernten.
- Nach dem ersten Frost beginnt die Ernte von Rosenkohl, Wirsing und anderen Winterkohlarten.
- Späte Obst- und Gemüsesorten je nach Wetter ernten. Allenfalls schon gefrorene Früchte und Beeren am Baum wieder auftauen lassen, und erst bei milder Witterung pflücken.
- Bei milder Witterung blühen im Rasen die ersten Gänseblümchen und Primeln. Diese als Frühlingsvorboten für Salate verwenden.

DEZEMBER

Im Garten

- Die weniger empfindlichen Kübelpflanzen wie Oliven und Oleander zu Beginn des Monats ins Winterquartier bringen.
- Das Wintergemüse mit Vlies vor Frost schützen.
- Am 4. Dezember Barbarazweige schneiden und im Haus einstellen. Sie blühen dann zu Weihnachten.
- Immergrüne Gehölze an frostfreien Tagen gelegentlich gießen.
- Stämme von Obstbäumen mit weißem Kalkanstrich streichen, damit sich keine Frostrisse bilden.
- Bäume auf Obstbaumkrebs untersuchen, befallene Stellen sofort herausschneiden und mit Baumwachs verschließen.
- Kübelpflanzen im Winterquartier spärlich gießen, regelmäßig auf Schädlingsbefall prüfen.
- An kalten Tagen den Vögeln frisches Wasser und Futter bereitstellen.
- Ein Stück Schnittlauch ausstechen, zurückschneiden und im Haus frisch antreiben.
- Chicorée im Keller in Eimern treiben.
- Gartenbücher lesen und vom Frühling träumen.

In der Küche

- Kardy ernten.
- Rosenkohl, Palmkohl und Wirsing ernten.
- Petersilie großzügig ernten, solange sie noch nicht zu fest gefroren ist.
- Knollen und Wurzeln nach Bedarf an schneefreien Tagen ernten.
- Nüsse verwenden.
- Eingelagerte Zucchini und Kürbisse verwenden.
- Im Keller gelagerte Kiwi sind jetzt genussreif.
- Obstlager regelmäßig kontrollieren, Lageräpfel verwenden.

REGISTER

REZEPTVERZEICHNIS

LITERATURVERZEICHNIS

Crawford, Martin: Perennial Vegetables, Green Books, Devon 2012

Fleischhauer, Steffen Guido, Guthmann, Jürgen, Spiegelberger, Roland: Enzyklopädie Essbare Wildpflanzen, AT Verlag, Aarau 2013

Fleischhauer, Steffen Guido, Guthmann, Jürgen, Spiegelberger, Roland: Essbare Wildpflanzen, 18. Auflage, AT Verlag, Aarau 2007

Kochbuch für den hauswirtschaftlichen Unterricht, Schuldirektion der Stadt Bern, 1958

Mathias, Xavier: Légumes vivaces, Rustica Editions, Paris 2012

Sitole, Dorah: Die Küchen Afrikas, Christian Verlag, München 2002

Wyk, Ben-Erik van: Food-Plants of the World, Timber Press, Portland Oregon 2005

BILDNACHWEIS UND DANK

Wir danken Peter und Eliane Althaus in Sutz (BE) für die Farne, die großen Bambussprossen und das fundierte botanische Wissen dazu. Aus ihrem Garten stammen folgende Bilder: Seite 76–79, 81 unten, 84, 85 links, 86/87, 177 oben links *(Lilium pardalinum)* sowie 180 oben (orientalische Lilie).

Aus dem Garten von Nell Schori Dürst und Tom Dürst in Dotzigen (BE) stammt das Bild Seite 115 unten links (Paul's Himalayan Musk-Rose). Wir danken den beiden für Inspiration und Gastfreundschaft und Nells Wildpflanzen-Catering für die eine oder andere Idee.

Alle anderen Bilder wurden in den Gärten der Autorin aufgenommen.

Unser Dank geht außerdem an:

Koch Ueli Schneeberger, der uns bei den Rezepten mit Rat und Tat zur Seite stand. Ohne sein professionelles Wissen, seine Erfahrung, Inspiration und Hilfe bei der praktischen Umsetzung wäre dieses Buch niemals fertig geworden.

Markus Kobelt von Lubera (www.lubera.com), der uns mit essbaren Dahlien, Süßkartoffeln, Red-Love-Äpfeln, Fliederfuchsien und vielen anderen Obst- und Beerenpflanzen belieferte und seine immense züchterische Erfahrung und sein Wissen mit uns teilte.

Maurin Oberholzer, Chef Versuchsgarten Wyss in Zuchwil (www.samen.ch), für Samenneuheiten, fundierte Informationen und die vielen interessanten Fachgespräche und Anregungen über all die Jahre.

Daniel Post für die Süßigkeiten und Ermunterungen, für die Regenwürmer, die guten Gespräche und Anregungen sowie für den Bambus, der nun in der Kiste beim Atelier munter vor sich hin wuchert.

Meine Atelierkollegin Anja und ihren Freund Andri, die an einem wunderschönen Sommernachmittag mit größter Geduld alle möglichen Rezepte verkostet und uns mit ihrem Lachen und ihrer Lebensfreude beglückt haben.

Meine Tochter Jeanne Rose und ihre Freundin Valeria, die uns beim Kochen tatkräftig und mit viel Neugierde unterstützt und mit ihren Fragen und Anregungen einige Kreationen beflügelt haben. An Jeanne Rose natürlich auch ein riesiger Dank für die Mithilfe in den Gärten, für ihr Verständnis und die Anteilnahme an meiner Gartenleidenschaft.

Yves und Ena, die den Garten in Vingelz mitgestaltet und belebt haben und die beim Schlussessen unsere Gäste waren.

Christian Spiess, der das Atelier und die Küche gestaltet hat, sowie die anderen Ateliergspänli Dimitri, Anja und Marion für ihr Vertrauen, ihre Freundschaft und die vielen guten Gespräche. Es »fägt« mit euch!

AUTORIN
UND FOTOGRAF

SABINE REBER

arbeitet als Redaktorin bei der Zeitung »work« in Bern. Zuvor war sie neunzehn Jahre als freischaffende Autorin tätig und hat mehrere Romane, Lyrikbände, Erzählungen und diverse Gartenbücher veröffentlicht, die mehrfach mit Preisen ausgezeichnet wurden. Seit vielen Jahren schreibt sie regelmäßig erscheinende Gartenkolumnen für den Zürcher «Tagesanzeiger», die «Landliebe» und die «Coopzeitung». Daneben politisiert sie für die Grüne Partei der Schweiz. Sie lebt als alleinerziehende Mutter in Biel, wo sie in einem Gemeinschaftsatelier ihren urbanen Versuchsgarten betreibt. Daneben bebaut sie einen größeren Versuchsgarten in den Rebbergen am Bielersee.

www.sabinesgarten.ch

STÖH GRÜNIG

lebt und arbeitet als selbstständiger Fotograf und Filmemacher mit eigenem Studio in Biel. Er ist bekannt für seine Hotelfotografie und seine außergewöhnlichen Sport- und Ruderbilder. Ausstellungen sowie Bücher zu Hotels, Bahnhöfen und anderen Architekturthemen, wobei in seinen Arbeiten immer der Mensch im Zentrum steht. Mit Sabine Reber hat er diverse Fotoreportagen und Gartengeschichten für Schweizer Printmedien sowie drei gemeinsame Gartenbücher realisiert. Für »Gärtnern – die neue Freiheit« haben sie den Deutschen Gartenbuchpreis gewonnen. Er ist Vater von zwei Teenagern.

www.stoeh.ch